可持续发展研究报告

(2023)

赵林度　周俊鹤　蒋　豆　著
李政辉　王涵娇　朱雯雯

·南京·

内容简介

本书分两部分。第一部分在考虑可比较性、可推广复制性和数据可得性的基础上,围绕中国碳达峰、碳中和的"30·60目标"构建区域和行业指标体系,参考联合国可持续报告的方法对目标达成度进行定量分析,综合评价中国34个省份区域和16个行业"30·60目标"指标体系下一级指标的现状及发展趋势。第二部分以联合国提出的17项可持续发展目标为总纲,贯彻经济、社会和环境三者共生共容、协调统一的发展理念,从区域维度构建了中澳两国可持续发展指标体系,全面客观地反映中澳两国在可持续发展领域的进展和形势,探究两国的差异和相似之处,并深入分析其背后的原因和影响。

图书在版编目(CIP)数据

可持续发展研究报告. 2023 / 赵林度等著. -- 南京:东南大学出版社, 2024. 7. -- ISBN 978-7-5766-1425-1

Ⅰ. F124.5

中国国家版本馆CIP数据核字第2024V2F054号

责任编辑:张新建 责任校对:张万莹 封面设计:余武莉 责任印制:周荣虎

可持续发展研究报告(2023)
Ke Chixu Fazhan Yanjiu Baogao(2023)

著　　者:	赵林度　周俊鹤　蒋豆　李政辉　王涵娇　朱雯雯
出版发行:	东南大学出版社
出 版 人:	白云飞
社　　址:	南京四牌楼2号　邮编:210096　电话:025-83793330
网　　址:	http://www.seupress.com
经　　销:	全国各地新华书店
印　　刷:	广东虎彩云印刷有限公司
开　　本:	700 mm×1 000 mm　1/16
印　　张:	16.5
字　　数:	310千字
版　　次:	2024年7月第1版
印　　次:	2024年7月第1次印刷
书　　号:	ISBN 978-7-5766-1425-1
定　　价:	98.00元(精装)

本社图书若有印装质量问题,请直接与营销部调换。电话(传真):025—83791830

前　言

我们正处在一个事关全球未来的关键时刻，气候变化、环境污染和资源枯竭等挑战迫切而艰巨，推动世界各国不断探索可持续发展道路。本书来自东南大学可持续发展研究基地、可持续发展研究院（苏州校区）和中澳可持续发展研究中心的《中国可持续发展研究报告（2023）》（蓝皮书）、《中澳可持续发展研究报告（2023）》（蓝皮书）。作为可持续发展的综合性研究，本书旨在分析中国在可持续发展道路上的"30·60目标"达成度，通过中澳比较分析，探讨中国、澳大利亚在可持续发展道路上的"SDGs"达成度。

本书分两部分：中国篇和中澳篇，共13章。

第一部分中国篇，分7章展开。在考虑可比较性、可推广复制性和数据可得性的基础上，对中国碳达峰（peak carbon dioxide emissions）、碳中和（carbon neutrality）的"30·60目标"进行定量分析，综合评价中国不同区域和行业目标的达成度。2020年9月习近平主席在联合国大会上提出中国的二氧化碳排放力争于2030年前达到峰值，努力争取2060年前实现碳中和。该书通过对2015年至2022年的数据进行分析，从区域和行业两个视角分析了中国34个省（自治区、直辖市、特别行政区）以及16个行业在"30·60目标"方面的现状及发展趋势。

第1章介绍"30·60目标"的内涵及要义；第2章阐述"30·60目标"达成度的政策和监测架构；第3章论述"30·60目标"达成度评价方法论；第4、5章分别从区域和行业视角探析"30·60目标"完成情况；第6、7章则展示了中国34个省份区域和16个行业的概况图。

第二部分中澳篇，分 6 章展开。以联合国提出的 17 项可持续发展目标（sustainable development goals，SDGs）为总纲，贯彻经济、社会和环境三者共生共容、协调统一的发展理念，从区域维度构建了中澳两国可持续发展指标（sustainable development index，SDI）体系，研究范围涵盖了中澳两国共 42 个省级（州）行政区，旨在全面、客观地反映中澳两国在可持续发展领域的进展和形势，探究两国的差异和相似之处，并深入分析其背后的原因和影响。

第 8 章介绍中澳可持续发展研究意义；第 9 章阐述可持续发展能力评价方法；第 10 章介绍中澳可持续发展概况；第 11 章开展中澳可持续发展对比分析；第 12 章描绘中澳可持续发展之共生与重构；第 13 章总结提炼中澳可持续发展未来方向。

本书由赵林度、周俊鹤、蒋豆、李政辉、王涵娇、朱雯雯完成。其中，中国篇由赵林度、周俊鹤、王涵娇、朱雯雯完成，中澳篇由赵林度、蒋豆、李政辉完成。在系统构思、书稿写作和出版过程中，得到了许多同行专家的热情帮助，在出版过程中得到东南大学出版社张新建老师的帮助，在此表示衷心的感谢。

尽管研究和书稿撰写倾注了作者多年的精力和努力，但依旧存在许许多多无法准确感知和正确理解的问题，还需要持续不断地学习、探索和深入研究，书中的错误和不当之处，恳请读者批评指正。

我们的使命：为建设一个具有包容性、可持续性和韧性的美好未来而努力！

赵林度

2024 年 3 月

目 录

第一部分　中国篇 ... 001

第1章　"30·60目标"的内涵及要义 ... 003
1.1　双碳目标的背景和意义 ... 003
1.2　全国碳市场建设情况 ... 004
  1.2.1　全国碳市场运营机制 ... 005
  1.2.2　碳排放监测架构 ... 006
  1.2.3　碳交易基础设施及能力建设 ... 007
  1.2.4　全国碳市场建设成效 ... 008
1.3　区域碳交易完成情况 ... 009
1.4　企业可持续素养 ... 013
  1.4.1　企业可持续素养定义 ... 013
  1.4.2　企业可持续素养框架 ... 014
  1.4.3　企业低碳转型路径 ... 016

第2章　"30·60目标"达成度的政策和监测架构 ... 021
2.1　双碳目标政策体系架构 ... 021
2.2　双碳目标进展情况 ... 027
2.3　相关组织机构及会议 ... 029
  2.3.1　国家层面 ... 029

I

2.3.2　地方层面 ·· 029
   2.3.3　社会层面 ·· 030

第3章　"30·60目标"达成度评价方法论 ··· 031
 3.1　指标体系确定 ··· 031
   3.1.1　区域及行业指标体系 ·· 031
   3.1.2　相关指标含义 ··· 035
 3.2　方法总结整理 ··· 040
   3.2.1　数据选择 ··· 040
   3.2.2　数据来源 ··· 041
   3.2.3　缺失数据和估算 ·· 041
   3.2.4　"30·60目标"指标和仪表盘构建方法 ································ 041

第4章　"30·60目标"区域完成情况 ··· 047
 4.1　"30·60目标"区域基本情况 ··· 047
   4.1.1　区域划分标准及原因 ·· 047
   4.1.2　东北地区 ··· 048
   4.1.3　京津地区 ··· 050
   4.1.4　北部沿海地区 ··· 051
   4.1.5　东部沿海地区 ··· 052
   4.1.6　南部沿海地区 ··· 054
   4.1.7　中部地区 ··· 056
   4.1.8　西北地区 ··· 059
   4.1.9　西南地区 ··· 061
   4.1.10　港澳台地区 ·· 064
   4.1.11　中国各省（自治区、直辖市、特别行政区）碳排放情况 ··· 065
 4.2　"30·60目标"区域达成度 ·· 068
   4.2.1　"30·60目标"区域达成度评分 ·· 068
   4.2.2　"30·60目标"区域指标现状及趋势仪表盘 ························· 075

第5章　"30·60目标"行业完成情况 ··· 083
 5.1　"30·60目标"行业基本情况 ··· 083

5.1.1　行业选取 ………………………………………………… 083
　　　5.1.2　各行业碳排放情况 ……………………………………… 088
　5.2　"30·60目标"行业达成度 ………………………………………… 089
　　　5.2.1　"30·60目标"行业达成度评分 ………………………… 089
　　　5.2.2　"30·60目标"行业指标现状及趋势仪表盘 …………… 093
第6章　中国34个省份区域概况图 …………………………………………… 098
第7章　中国16个行业概况图 ………………………………………………… 121

第二部分　中澳篇 ……………………………………………………………… 131

第8章　中澳可持续发展研究意义 …………………………………………… 133
第9章　可持续发展能力评价方法 …………………………………………… 135
　9.1　可持续发展理论内涵 ………………………………………………… 135
　9.2　可持续发展评价指标体系 …………………………………………… 137
　9.3　可持续发展能力评价系统 …………………………………………… 143
　　　9.3.1　行政区域划分 …………………………………………… 144
　　　9.3.2　数据处理及计算方法 …………………………………… 144
　　　9.3.3　可持续发展能力可视化 ………………………………… 145
第10章　中澳可持续发展概况 ………………………………………………… 148
　10.1　可持续发展实施背景 ……………………………………………… 148
　　　10.1.1　中国可持续发展政策及举措 ………………………… 148
　　　10.1.2　澳大利亚可持续发展政策及举措 …………………… 151
　10.2　中澳可持续发展的共同行动 ……………………………………… 154
　　　10.2.1　中国可持续发展行动 ………………………………… 154
　　　10.2.2　澳大利亚可持续发展行动 …………………………… 157
　　　10.2.3　中澳可持续发展合作行动 …………………………… 161
　10.3　中澳对标SDGs的年度表现 ……………………………………… 163
第11章　中澳可持续发展对比分析 …………………………………………… 165
　11.1　中国可持续发展能力 ……………………………………………… 165

- 11.1.1 中国东部 ····································· 165
- 11.1.2 中国东北 ····································· 170
- 11.1.3 中国中部 ····································· 175
- 11.1.4 中国西部 ····································· 180

11.2 澳大利亚可持续发展能力 ····································· 185
- 11.2.1 澳大利亚东部 ····································· 185
- 11.2.2 澳大利亚东北 ····································· 189
- 11.2.3 澳大利亚中部 ····································· 192
- 11.2.4 澳大利亚西部 ····································· 196

11.3 中澳可持续发展比较优势分析 ····································· 198
- 11.3.1 中澳可持续发展现状 ····································· 198
- 11.3.2 中国可持续发展的优势 ····································· 210
- 11.3.3 中澳可持续发展重点领域 ····································· 211

第12章 中澳可持续发展之共生与重构 ····································· 221

12.1 可持续发展与"一带一路"倡议的融合 ····································· 221
- 12.1.1 "一带一路"倡议的提出背景和核心要义 ····································· 222
- 12.1.2 以"一带一路"建设融入可持续发展合作 ····································· 223

12.2 可持续发展在全球供应链中的角色和机遇 ····································· 226
- 12.2.1 全球供应链重构的趋势 ····································· 226
- 12.2.2 可持续供应链的目标场景 ····································· 228
- 12.2.3 "三段式"可持续发展路径 ····································· 231

12.3 中澳可持续发展合作蓝图 ····································· 238
- 12.3.1 可持续型经贸 ····································· 238
- 12.3.2 可持续型工业 ····································· 240
- 12.3.3 可持续型社区 ····································· 248
- 12.3.4 可持续技术 ····································· 250

第13章 中澳可持续发展未来方向 ····································· 253

01

第一部分 中国篇

"实现碳达峰碳中和，不可能毕其功于一役。中国将破立并举、稳扎稳打，在推进新能源可靠替代过程中逐步有序减少传统能源，确保经济社会平稳发展。"

——习近平在 2022 年世界经济论坛视频会议的演讲

党的十九大报告赋予可持续发展战略新时代内涵，提出建设"富强民主文明和谐美丽"的社会主义现代化强国目标，生态文明建设上升为新时代中国特色社会主义的重要组成部分。2020 年 9 月，习近平主席在联合国大会上提出"中国将提高国家自主贡献力度，采取更加有力的政策和措施，二氧化碳排放力争于 2030 年前达到峰值，努力争取 2060 年前实现碳中和"，这就是被称为中国碳达峰（peak carbon dioxide emissions）、碳中和（carbon neutrality）的"30·60 目标"。党的二十大报告，重申坚持可持续发展，明确提出中国式现代化是人与自然和谐共生的现代化。

中国篇阐述了中国"30·60 目标"的内涵及要义，梳理了中国围绕"30·60 目标"的政策和监测架构。本书在考虑可比较性、可推广复制性和数据可得性的基础上，围绕中国"30·60 目标"分别构建"30·60 目标"区域达成度评价指标体系和"30·60 目标"行业达成度评价指标体系，结合国家统计局等统计机构、行业协会和研究中心的数据，参考 *Sustainable Development Report 2023: Implementing the SDG Stimulus* 的方法对"30·60 目标"达成度进行定量分析。通过对 2015 至 2022 年的数据进行分析，从区域和行业两个视角分析了中国 34 个省（自治区、直辖市、特别行政区）以及 16 个行业在"30·60 目标"方面的现状及发展趋势。

第 1 章 "30·60 目标"的内涵及要义

1.1 双碳目标的背景和意义

可持续发展（sustainable development）概念的明确提出，可追溯到 1980 年世界自然保护联盟（International Union for Conservation of Nature，IUCN）、联合国环境规划署（UN Environment Programme，UNEP）和世界自然基金会（World Wide Fund for Nature or World Wildlife Fund，WWF）共同发表的《世界自然保护大纲》（*The World Conservation Strategy*）提出的"没有使千百万人得以脱贫的发展，自然保护的目标难以实现；发展与自然保护相互依存，发展需要以呵护地球为前提"。可见，可持续发展强调人与自然、人与地球的和谐共处，强调共建一个富裕、平等、和平的人类社会。

从 1962 年《寂静的春天》（*Silent Spring*）的问世，敲响了全球传统发展模式对生态环境负面影响的警钟，到 1987 年世界环境与发展委员会发布的报告《我们共同的未来》（*Our Common Future or Brundtland Report*）作为纲领性文件提出并定义了可持续发展概念，再到 1992 年全球 102 个国家在世界环境与发展大会上共同签署了全球可持续发展战略——《21 世纪议程》，可持续发展观已经成为全人类的共识，发展中国家和发达国家在可持续发展思想上达成空前的一致。1994 年，全球第一部国家级报告《中国 21 世纪议程——中国 21 世纪人口、环境与发展白皮书》发布，提出了中国实施可持续发展的总体战略、对策以及行动方案。2003 年初，《中国 21 世纪初可持续发展行动纲要》发布，明确了未来 10~20 年的可持续发展目标、重点和保障措施。

由碳排放引发的气候变化成为影响人类社会可持续发展的重大问题。世界气象组织发布的《2022 年全球气候状况》临时报告中指出，过去八年有望成为有气象记录以来最热的八年，干旱、洪水等极端气候事件影响了全球数百万人，造成了巨大的经济损失[①]。在这样的背景下，世界各国纷纷采取对策以减缓气候变化和应对其影响。党的十九大报告赋予可持续发展战略新时代内涵，提出建设"富强民主文明和谐美丽"的社会主义现代化强国目标，生态文明建设上升为新时代中国特色社会主义的重要组成部分。2020年9月，习近平主席在联合国大会上提出"中国将提高国家自主贡献力度，采取更加有力的政策和措施，二氧化碳排放力争于2030年前达到峰值，努力争取2060年前实现碳中和"，这就是被称为中国碳达峰（peak carbon dioxide emissions）、碳中和（carbon neutrality）的"30·60目标"[②]。党的二十大报告，重申坚持可持续发展，明确提出中国式现代化是人与自然和谐共生的现代化。

"30·60目标"包含两方面的内容，即碳达峰和碳中和，其中碳达峰是指某个地区或行业年度二氧化碳排放量达到历史最高后，经历平台期进入持续下降过程，是二氧化碳排放量由增转降的历史拐点[③]；碳中和是指某地区在一定时间内（一般指一年）人为活动直接或间接排放的二氧化碳，与其通过植树造林等吸收的二氧化碳互相抵消，实现二氧化碳净零排放[④]。可以认为，"30·60目标"就是中国推进可持续发展战略目标的里程碑。

1.2　全国碳市场建设情况

2023年1月1日，生态环境部发布了《全国碳排放权交易市场第一个履约周期报告》，旨在系统总结全国碳市场的首个履约周期运行经验，以促进社会了解碳市场建设情况。报告详细介绍了第一个履约周期内的市场交易和履约情况，涵盖了配额分配和清缴工作的解释，以及对碳排放核算、报告与核查制度体系建设的总结。

---

① 赵宗慈，罗勇，黄建斌.2015—2022年全球最暖[J].气候变化研究进展，2023，19(3):400-402.
② 习近平.在第七十五届联合国大会一般性辩论上的讲话[N].人民日报，2020-09-23(3).
③ 王金南，严刚.加快实现碳排放达峰 推动经济高质量发展[N].经济日报，2021-01-04(1).
④ 章诚，郑玉洁，凌红.中国的"双碳"目标与实践：形成逻辑、现实挑战、社会风险及推进路[J].河海大学学报（哲学社会科学版），2022，24(6):78-87+131.

1.2.1 全国碳市场运营机制

全国碳市场是通过市场机制管理碳排放的政策工具，为重点排放单位提供了进行碳排放配额交易的场所。全国碳市场主要运行环节包括碳排放数据核算、报告与核查，配额分配与清缴，以及市场交易监管等（如图1-1所示）。重点排放单位在参与市场前需要核算和报告上一年度的碳排放数据，并接受政府组织的数据核查，核查结果作为重点排放单位配额分配和清缴的依据。

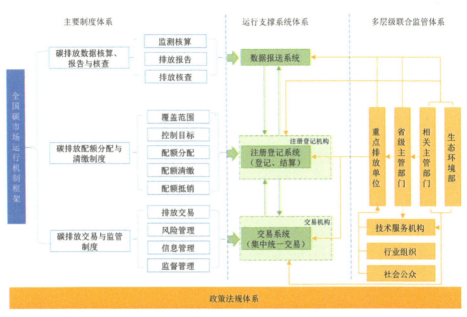

图1-1　全国碳市场运行机制框架
来源：《全国碳排放权交易市场第一个履约周期报告》

国家在综合考虑重点排放单位生产排放需求、技术水平和国家减排需要的基础上，给予重点排放单位一定的碳排放配额，作为其获得的规定时期内排放额度，该额度可能大于也可能小于重点排放单位的实际排放需求。重点排放单位在获得配额后，可结合自身实际，通过碳市场对配额进行买卖，但需在履约截止日期前，提交不少于自身排放量的配额用于履约。

为保障全国碳市场有效运行，生态环境部组织建立了全国碳排放数据报送与监管系统、全国碳排放权注册登记系统、全国碳排放权交易系统等信息系统。数据报送与监管系统记录重点排放单位碳排放相关数据；注册登记系统记录全国碳市场碳排放配额的持有、变更、清缴、注销等信息，并提供结算服务；交易系统保障全国碳市场配额集中统一交易。

1.2.2 碳排放监测架构

碳排放量高低是衡量碳达峰碳中和的直接数据支撑，对碳排放量实现精准测量是实现双碳目标的前提。目前，我国正大力推动碳监测技术创新，建立碳监测网络，将间接核算与直接监测相结合，不断提高计量精度。在行业领域，采用"自下而上"形式的碳排放计量途径，建立 M（monitoring）R（reporting）V（verification）体系，利用市场交易体制实现企业碳排放管理。

1. 大力发展碳监测技术，努力实现碳排放精准测量

常用的碳排放计量方法有核算法和监测法。目前，中国碳排放计量大都采用碳核算法，利用活动数据和排放因子实现碳排放量的统计。而碳监测法则是通过大气中温室气体浓度检测数据和同化反演模式计算温室气体排放量，对温室气体排放强度、环境中浓度和碳汇状况三类数据进行统计，可实现碳排放量的实时获取和精准获取。2021年2月，中国环境监测总站成立碳监测工作组，在全国开展碳监测工作。2021年9月，生态环境部印发《碳监测评估试点工作方案》，选取唐山、太原、鄂尔多斯、丽水和铜川作为基础试点城市，选取上海、杭州、宁波、济南、郑州、深圳、重庆和成都作为综合试点城市，开展区域领域的碳排放监测试点工作。选取火电、钢铁等5个重点行业11家集团公司开展行业领域的碳排放监测试点工作。目前，生态环境部即将启动碳监测评估第二阶段试点工作，全力构建中国碳监测网络体系。

2. 不断完善 MRV 体系，建立企业碳交易市场

常用的碳排放计量途径有"自下而上"形式和"自上而下"形式。以"自上而下"形式的碳排放核算途径常常用于获取省份以及区域的宏观碳排放量。以"自下而上"形式的碳排放计量途径则是中国 MRV 体系获取碳排放量的主要方法，适用于企业、项目等个体单位进行碳排放量获取以参与碳交易。2021年7月16日，全国碳排放交易市场开市。碳市场是实现碳达峰碳中和目标的核心政策工具之一，将碳排放权纳入市场交易体制有利于减少温室气体的排放，大大推进企业绿色低碳转型的步伐。

碳市场的交易需要确保碳排放数据的准确性。MRV体系是企业碳排放监测数据准确性的保障,更是维护碳市场公平交易的工具。MRV体系包括监测、报告、核查三个过程。监测是指企业根据标准化的科学方法,核算碳排放数据;报告是指企业向监管部门上交碳排放的报告;核查指的是第三方核查机构对企业碳排放数据的收集和排放过程以及所提交的报告进行合规性审查,为监管部门提供审查的依据,以帮助把控数据的准确性和可靠性[①]。

随着中国碳交易市场的开市,其MRV体系架构不断完善,主要参与主体及职责如图1-2所示。

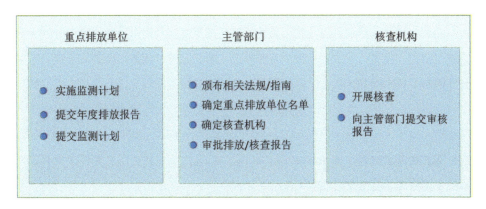

图1-2　MRV体系参与主体及职责
参考公众号"碳排放权交易信息中心"绘制

1.2.3　碳交易基础设施及能力建设

碳交易基础设施及能力建设,主要围绕注册登记系统与交易系统、碳排放数据报送与监管系统和人员培训展开。

1. 注册登记系统与交易系统

生态环境部持续推动全国碳排放权注册登记系统和交易系统建设工作,推动湖北省、上海市分别牵头组建全国碳排放权注册登记机构和交易机构。经过多轮次专家评估和联调测试,全国碳排放权注册登记系统和交易系统建设完成,并正式投入运行,实现了预期各项功能,支撑全国碳市场第一个履约周期顺利收官并持续运行

---

① 刘学之,朱乾坤,孙鑫,等.欧盟碳市场MRV制度体系及其对中国的启示[J].中国科技论坛,2018(8):164-173.

至今。截至 2021 年 12 月 31 日，为重点排放单位和省级生态环境主管部门提供服务约 13 万次，有力保障了全国碳市场的平稳健康运行。

2. 碳排放数据报送与监管系统

2019 年，生态环境部依托环境管理信息平台建设全国碳排放数据报送与监管系统，并于 2020 年底正式上线运行；支持地方各级生态环境主管部门在线组织重点排放单位清单生成、完成核查与监管，为核查技术服务机构开展核查工作、掌握核查进度提供支撑。

3. 人员培训

生态环境部组织搭建了全国碳市场帮助平台，并建立保障员——联络员沟通机制，组织专家团队持续开展全国碳市场问答咨询服务，及时解答全国碳市场各级地方主管部门、相关行业协会、重点排放单位、第三方技术服务机构等相关参与方遇到的政策和技术问题，第一个履约周期共解答咨询服务问题 2.2 万余个；组织编制全国碳市场系列培训教材和录制教学视频，并针对省级生态环境主管部门、相关机构和重点排放单位开展了超过 60 场碳市场能力建设培训，参训规模超过 6 000 人次；支持相关省份碳市场能力建设培训中心、行业协会、研究机构等积极开展了大量的全国碳市场能力建设培训工作和活动。

1.2.4 全国碳市场建设成效

全国碳市场建设成效，主要涉及推动绿色低碳转型和高质量发展、降低发电行业减排成本、提升企业减排意识和能力等方面。

1. 推动绿色低碳转型和高质量发展

第一个履约周期配额分配方案在确保电力供应的前提下，通过市场机制手段首次在全国范围内将碳减排责任落实到企业，初步实现了对高效率低排放机组的正向激励。差异化的基准线设定基本反映了电力行业企业生产现状、技术水平，兼顾了节能减排和行业发展。充分考虑不同生产条件对企业产出的影响，引入机组冷却方式等修正系数，保障同一类别机组配额分配的公平性，体现了碳市场与其他相关政策的协同。经统计，2020 年电力行业单位火电发电量碳排放强度相较 2018 年下降 1.07%。在有效推动发电行业控制温室气体排放的同时，对钢铁、有色金属、建材等重点排放行业，也起到了推动行业低碳转型的作用。通过抵销机制，全国碳市场第一个履约周期为风电、光伏、林业碳汇等 189 个自愿减排项目的项目业主或相关市场主体带来收益约 9.8 亿元，为推动中国能源结构调整、完善生态补偿机制发挥了积极作用。

2. 降低发电行业减排成本

全国碳市场通过配额分配和市场交易，促进资金向减排成本较低的企业流动，引导逐步淘汰减排成本高、技术落后的发电机组，从而促进全行业控制二氧化碳排放。配额发放采取全部免费方式进行，并通过市场交易和抵销机制，为减排难度较大的重点排放单位降低减排成本。

3. 提升企业减排意识和能力

企业通过参与配额分配、交易和清缴，树立了"排碳有成本、减碳有收益"的低碳发展理念，加大低碳转型投入，企业碳资产管理的能力水平得到提升。通过建立碳排放数据核算、报告和核查制度，严肃惩处碳排放数据弄虚作假等违规行为，倒逼企业加强内部管理，强化自我监督，充实专业人员力量，增强企业碳排放数据管理的主体责任意识。通过加强对企业帮扶指导，为企业送政策、送技术、送服务，加强企业对全国碳市场相关政策理解，提升企业碳排放管理能力和水平[①]。

1.3 区域碳交易完成情况

区域碳交易完成情况，重点观察东北地区、京津地区、北部沿海地区、东部沿海地区、南部沿海地区、中部地区、西北地区、西南地区和港澳台地区。

1. 东北地区

黑龙江省于 2021 年首次参与"碳交易"，截至 2021 年 12 月 31 日，黑龙江累计 48 家发电重点排放单位参与碳交易，碳排放配额累计买入量 690.85 万吨，成交额 3.01 亿元人民币；累计卖出量 898.33 万吨，成交额 3.83 亿元人民币。其"碳交易"总体呈现"买入少卖出多"的局面。2022 年，黑龙江共有 101 家单位纳入全国碳排放权交易市场配额管理的重点排放单位。截至 2022 年 6 月底累计买入碳排放配额 710 万吨，成交额 3.13 亿元，卖出配额 920 万吨，成交额 3.94 亿元，配额履约率 99.6%，主要指标高于全国平均水平。吉林省截至 2022 年 12

---

① 以上内容引自《全国碳排放权交易市场第一个履约周期报告》。

月 31 日，全省共有 28 家重点排放单位参与交易，累计交易配额 811.18 万吨，累计成交额 3.32 亿元。在全国碳市场第一个履约周期内，辽宁省共有 57 家碳排放重点企业纳入碳交易名单，9 家未完成履约，履约率较低，仅为 84.2%。

东北地区各省发电企业已陆续进入碳交易市场，其中黑龙江省参与碳排放交易单位最多。整个东北地区的碳交易发展处于初级阶段，在碳交易领域仍有很大的发展空间。

2. 京津地区

北京市是中国碳交易市场试点之一，其碳交易体系涵盖多个领域，参与企业众多，碳交易体制完善，在试点市场中碳价最高。自开市至今，北京碳排放权等各类产品累计成交约 1 亿吨，碳交易水平位于全国前列。同样，天津也是中国现有七大碳交易市场试点之一。2023 年，天津碳交易试点企业总数达到 167 家，70% 以上的碳排放量纳入碳配额管理，碳价格稳中有升。与此同时，天津市不断完善相关交易体系和规定，切实提高碳交易的环境效益和企业的经济效益。

京津地区作为中国碳交易市场试点，起步较早，并且碳交易发展日渐成熟，在中国区域碳交易当中处于比较领先的地位。

3. 北部沿海地区

自 2021 年 7 月全国碳交易市场上线交易以来，山东省首批被纳入全国碳排放交易的发电企业有 330 家，占全国总量的 15%，也是全国唯一一个超过 300 家的省份，碳交易任务艰巨。在全国碳市场第一个履约周期内，山东省实际履约量 11.52 亿吨，履约比例 99.82%。有 27 家重点排放企业参与交易，全国碳排放配额累计买入量 458.37 万吨，成交额 1.95 亿元，累计卖出量 240.48 万吨，成交额 1.08 亿元。河北省在全国碳市场第一个履约周期内，共有 87 家发电企业参与碳履约，7 家企业未完成清缴被处罚。

北部沿海地区碳交易任务艰巨，其纳入主体企业较多，仅就山东来说，碳交易买入远远大于卖出。该区域作为能源消耗和碳排放重点区域，区域内企业均未经试点运转，缺乏相关的经验，碳交易的进行面临着较多的挑战，仍需不断完善相关交易体制，做好企业碳交易的引导工作。

4. 东部沿海地区

上海作为中国七大碳交易市场试点之一，在碳交易领域取得优异的成绩。上海目前碳交易领域涵盖 27 个行业、300 多家企业，涉及领域广，涉及主体众多，地方碳市场是全国唯一连续 8 年实现企业履约清缴率 100% 的试点地区。同时，上海还承担了全国碳排放交易系统的建设和维护工作，其碳交易发展走在全国的前列。在全国碳市场第一个履约周期内，浙江省共有 144 个重点发电企业被纳入履约名单，有 3 家企业未完成履约被处罚。江苏省 209 家发电企业参与碳履约，7 家未完成履约，其中 2 家被处罚、2 家被立案、3 家关停或停产。

东部沿海区域中，上海作为试点，其碳交易发展位于前列，而浙江和江苏则是初步踏入碳交易市场，从履约率看表现较好。

5. 南部沿海地区

广东省于 2011 年被纳入首批碳交易试点，福建省于 2016 年启动碳交易市场，成为全国第 8 个碳交易试点，均具备比较丰富的碳交易经验。广东省目前是世界第四大碳排放交易市场。截至 2022 年末，广东省累计成交 2.14 亿吨，成交金额达 56.39 亿元，均居全国首位。同时，隶属于广东省的深圳也是全国碳交易市场试点之一。2022 年深圳市场碳交易额达 2.47 亿元，同比增长 30.39%，碳配额交易额为 2.30 亿元，同比增长 188.40%。同时深圳是中国首个启动交易的试点市场。2023 年 5 月，福建碳市场配额总成交量 129.57 万吨，总成交额 4 407.62 万吨，成交均价 34.02 元 / 吨，碳价稳中有升，表现出良好的市场活力，碳交易市场稳步发展。海南省在全国碳市场第一个履约周期内，有 7 家发电行业重点排放单位顺利完成配额清缴，成为全国在周期内首个实现履约率 100% 的省份。

南部沿海区域多为碳交易试点省份，碳交易制度完善，市场秩序规范，碳交易市场表现出良好的活力。

6. 中部地区

湖北省为中国碳交易市场试点之一，2023 年上半年碳市场成交量为 402.40 万吨，同比上涨 117.45%，碳交易成交额为 1.55 亿元，同比上涨 77.3%。湖北目前已经建立了比较成熟的碳市场交易体系和秩序，其成交量和成交额均位于全国前列。在全国碳市场第一个履约周期内，山西共有 105 家重点排放企业纳入碳交易市场企业名单，有 8 家未完成履约被处罚，履约率为 92.4%。河南省共 115 家企业纳入碳交易市场企业名单，有 12 家未完成履约，其中 8 家被惩罚，履约率为

89.6%，履约率较低。安徽省共有 69 家重点排放企业纳入碳交易市场企业名单，有 1 家未完成履约被处罚，履约率为 98.6%，同时安徽省是全国率先对城市履约情况做出公示的省份。湖南省共有 29 家重点排放企业纳入碳交易市场企业名单，有 2 家未完成履约被处罚，履约率为 93.1%。江西省共有 44 家重点排放企业纳入碳交易市场企业名单，有 1 家未完成履约被处罚，履约率为 97.7%。

中部区域碳交易市场发展较为成熟的试点是湖北省，湖南省、安徽省、江西省的碳配额履约率较为可观，而河南省和山西省碳配额的履约率并不高。区域整体碳交易水平发展不平衡，整体水平不高。中部区域仍需完善相关碳交易市场体系和制度，以促进碳交易市场的发展，督促企业降低碳排放量。

7. 西北地区

在全国碳市场第一个履约周期内，内蒙古共有 159 家重点排放企业纳入碳交易市场企业名单，13 家企业未完成碳配额履约，履约率为 91.8%。陕西有 59 家企业纳入名单，4 家企业未完成碳配额履约，履约率为 93.2%。宁夏有 29 家企业纳入名单，6 家企业未完成碳配额履约，履约率为 79.3%，企业违约率较高。甘肃省有 19 家企业参与碳交易，履约率达 100%，表现较好。青海省有 12 家企业纳入名单，1 家企业未完成履约被处罚，履约率为 91.7%。新疆共有 77 家企业纳入名单，10 家企业未完成履约，履约率为 87.0%。

我国西北地区无碳交易市场试点，全区域各省份均是于 2021 年第一次参加碳市场交易，相关经验比较匮乏。其中甘肃在履约率方面表现良好，而新疆和宁夏履约率比较低，区域整体碳交易发展水平不平衡，碳交易市场缺乏一定的活力。

8. 西南地区

重庆市于 2011 年被纳入首批碳排放权交易地方试点，截至 2023 年 6 月 30 日，重庆碳交易量为 4 139 万吨，交易金额 8.76 亿元，减排效益约 800 万吨 / 年。在全国碳市场第一个履约周期内，四川共有 46 家重点排放企业纳入碳交易市场企业名单，2 家企业未完成碳配额履约，履约率为 95.7%。广西共有 40 家重点排放企业纳入碳交易市场企业名单，3 家企业未完成碳配额履约，履约率为 92.5%。云南共有 18 家重点排放企业纳入碳交易市场企业名单，1 家企业未完成碳配额履约，履约率为 94.4%。贵州共有 31 家重点排放企业纳入碳交易市场企业名单，1 家企业未完成碳配额履约，履约率为 96.8%。西藏自治区无符合条件的重点排放单位。

西南地区碳交易市场较为活跃的是作为碳交易市场试点的重庆，其余省份履约率相差无几，碳交易完成情况较为平衡。

9. 港澳台地区

港澳台地区并未参与全国碳市场履约周期的交易，但均在积极建设碳交易市场。香港交易所 2022 年成立碳交易平台，成立一年成交量约 90 万吨，市场中约有 70 个参与者，其中售卖碳信用额的公司大多从事植林、生产风能、水能等业务。澳门于 2023 年正式启动碳普惠项目，并签署加入中国九地区碳普惠共同机制。澳门碳普惠是一项创新型自愿减排机制，市民通过碳普惠小程序完成碳减排任务，可获得相应的奖励来兑换奖品。澳门通过这种手段激励市民建立低碳生活理念，推进城市绿色低碳发展。2023 年 8 月台湾碳权交易所揭牌，同年 12 月 22 日启动碳权交易，首日成交 8.85 万吨碳权，交易总额超 80 万美元，参与首购的企业以金融企业居多，标志着台湾也正式迈入"碳有价"时代。

整体来看，港澳台地区碳交易均处于初步发展阶段，香港起步稍早。

1.4　企业可持续素养

"30·60 目标"在推进中国可持续发展进程中必将发挥重要的战略作用，而且"30·60 目标"也会转化为企业自觉自愿的行动。在"30·60 目标"驱动下，企业应在可持续发展进程中努力培养自身的可持续素养，以更好地满足未来发展的需要。

1.4.1　企业可持续素养定义

企业可持续素养（enterprise sustainability competence）是指企业在经营管理过程中具备的与可持续发展相关的价值观、知识、关键能力和行为习惯，伴随着企业可持续发展理念的形成过程与可持续技术的应用过程。企业可持续素养包括对可持续发展理念的理解、在业务运作中对环境和社会责任的关注，以及采取相应措施在实现企业自身效益的同时促进可持续经济、社会和环境的发展。

Sammalisto 等人（2015）从习得过程的视角解释可持续素养的发展机制，

即素养需要在塑造思维方式、价值观和态度并落实为行动的过程中形成[①②]。企业可持续素养培育需要建立在员工对碳足迹和环境影响的深刻理解和认识的基础上，通过培训、沟通和企业文化塑造，使整个组织形成积极支持和实践可持续发展的态度与行为。

企业可持续素养体现了企业可持续发展能力，以及企业面向未来的持续创新能力。在企业可持续素养培育过程中，应重视通过培训使员工能够获得塑造可持续未来所需的知识、能力、态度和价值，并将逐步成长的可持续素养融入企业的生产经营过程和企业文化塑造过程。

1.4.2 企业可持续素养框架

企业可持续素养框架应能综合反映企业可持续发展能力，特别是企业碳盘查和碳减排能力。在"30·60目标"的宏观规划下，微观企业围绕提高碳盘查和碳减排能力探索企业降碳路径（如表1-1所示）。

表1-1 企业碳盘查和碳减排能力指标框架

一级指标	二级指标	三级指标	指标注释
碳盘查能力	碳排放核算	企业碳排放核算边界确定	—
		企业碳排放源统计	—
	绿色采购	碳排放比率	采购过程中排放的温室气体量/企业经营全部碳排放量
		环保原材料占比	环保原材料采购量/全部原材料量
		绿色供应商占比	通过绿色认证的供应商数量/全部供应商数量

---

① Sammalisto K, Sundström A, Holm T. Implementation of sustainability in universities as perceived by faculty and staff-a model from a Swedish university[J]. Journal of Cleaner Production, 2015(106): 45-54.
② 李如意，钟周，曹越. 可持续素养框架设计与人才培养策略研究[J]. 世界教育信息，2023，36(3):47-56.

续表

一级指标	二级指标	三级指标	指标注释
	绿色生产	碳排放比率	生产过程中排放的温室气体量/企业经营全部碳排放量
		碳排放减少率	本年度碳排放减少量/上年度碳排放总量
		产品回收率	本年度回收的产品数量/本年度销售的产品总量
		天然气消耗占比	天然气消耗量/能源消耗总量
		清洁能源使用率	使用的清洁能源量/使用的全部能源量
		能源消耗增长率	本年度能源消耗变动量/上年度能源消耗总量
		循环利用能源减排率	因循环利用能源而减少的碳排放量/全部碳排放量
		万元产值综合能耗	能源消耗量/工业总产值（万元）
		万元产值碳排放量	碳排放总量/工业总产值（万元）
	绿色销售	碳排放比率	销售过程中排放的温室气体量/企业经营全部碳排放量
		绿色产品销售比重	绿色产品销量/全部产品销量
		绿色包装节约效益	绿色包装节约成本/全部成本
碳减排能力	低碳文化	企业低碳宣传培训投入	低碳培训投入成本/全部人力投入成本
		低碳体系构建	企业从组织结构上落实低碳发展的程度
		战略和目标设立	企业是否提出低碳发展战略和设立碳中和阶段性目标
		制度建立与执行	企业内部低碳生产制度、激励制度等
		信息披露水平	企业通过年报、媒体等手段披露环境信息
	碳补偿消耗	二氧化碳捕集量	回收利用的二氧化碳量
		甲烷回收量	生产过程中回收甲烷的总量
		森林碳汇面积	企业植树面积和企业绿化程度
		碳交易额	企业参与碳交易的支出（或收益）

续表

一级指标	二级指标	三级指标	指标注释
	科技创新	专利产出水平	授权专利数 / 行业平均专利数量
		低碳技术研发费用占比	低碳技术研发费用额 / 研发费用总额
		科研投入占比	研发费用总额 / 主营业务收入
		科研人员占比	科研人员数 / 企业员工总数

1. 碳盘查能力

根据行业方法学、国家发展改革委发布的核算指南摸清组织成本结构、能源结构以及生产结构状况，通过生命周期评估（life cycle assessment，LCA）等方法对企业产品和服务的整个生命周期展开分析，从原材料采购到产品生产、使用和废弃评估整个价值链中的碳足迹，以确定关键减排机会。

企业碳排放量计算可以利用《企业温室气体排放核算方法与报告指南 发电设施》中的计算公式、数据监测要求，参考实验室测定值分析企业的碳排放因子，并运用温室气体核算体系分析和计算企业的碳排放量，最终提出适合企业节能减排的绿色发展路径。企业 CO_2 排放量计算主要包括：确定核算边界；确定 CO_2 排放源；获取活动水平数据；对碳排放因子进行筛选和采集；对企业产品生产过程、燃料燃烧过程、消耗电力和热力过程产生的碳排放量分别进行计算；最后对上述产生的总碳排放量进行汇总计算[①]。

2. 碳减排能力

在碳盘查和碳减排规划、建设的基础上，分析组织低碳文化建设、碳补偿成本、创新技术对低碳的影响。在碳减排能力分析的基础上，从企业文化与员工培训等管理层面，以及可持续技术创新等技术层面提供减碳措施，协助企业完善"30·60目标"双碳路径规划和低碳转型路径规划。

1.4.3 企业低碳转型路径

在"30·60目标"驱动下，企业可持续素养持续提高，逐步走上低碳转型

---
① 宋文健，赵夏斐，索海翔．"双碳"目标约束下企业 CO_2 协同减排路径研究 [J]. 工业加热，2023,52(10):50-54.

发展之路。通常，企业低碳转型路径可分三步走（如图1-3所示）。

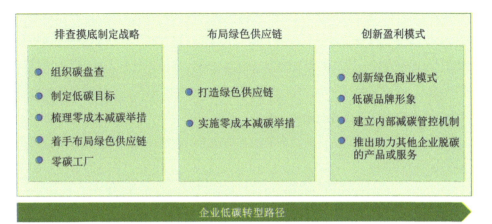

图1-3 企业低碳转型路径
参考公众号"麦肯锡"绘制

第一步，可以参照如表1-1所示的企业碳盘查和碳减排能力指标框架组织碳盘查，对自身情况进行摸底，然后综合考虑行业政策要求、企业自身定位、减碳决心等制定低碳目标，梳理企业供应链上有哪些零成本减碳的机会。此类机会可以在实现降低碳排放的同时降低企业运营成本，收集整理供应链上下游的数据，为后续绿色供应链布局做准备，同时可以考虑布局设计低碳示范标杆、零碳工厂以提升长期竞争力。

第二步，在充分了解自身制定好目标和战略的基础上，开始打造绿色供应链，抢先占据绿色供应商、绿色生产原材料等资源，抢占赛道。同时实施零成本减碳举措，无论后期战略有任何变动，此类举措对企业来讲百利而无一害。

第三步，绿色低碳对于企业而言不仅仅是处于国家生态保护政策下的被动应对，碳达峰碳中和目标大背景下蕴藏着巨大的商机，企业应该顺应潮流，创新盈利模式，寻找绿色商业模式，从产品、服务等各个角度树立企业品牌的低碳形象，最后要建立企业内部减碳的管控机制，将减碳成果列入考核绩效中，全方位推动企业低碳转型。在企业降碳措施初具成果后，企业也可以考虑将绿色低碳的经营举措向价值链上延伸，为其他企业的降碳提供产品和服务，开展新的业务。

1. 组织碳盘查，梳理自身碳排放基线

我国已经陆续出台一系列细化的政策，针对不同的行业明确如何进行全生命周期的碳排放核算及公示，以及碳足迹标识。企业应该采取行动，展开自身的碳盘查工作，尽快了解自身的范围一、范围二碳排放基线以及供应链中的范围三碳排放基线（如图1-4所示）。组织碳盘查是制定降碳目标和减碳举措的基础。建立科学的工作机制是基线梳理的关键，需要进行高效率、高精度的数据统计和测算。从企业生产、工厂内部物流及运输等环节中的能耗数据，到上游供应商的生产制造、物流运输过程中的能耗数据等，都需要建立匹配的数字化管理系统，实时、准确地进行一线数据收集和统计，并赋予一定的"置信区间"作为参考。设置该区间主要是由碳排放系数取值的不确定性引起的，可以为企业管理者提供更客观的评估基线。

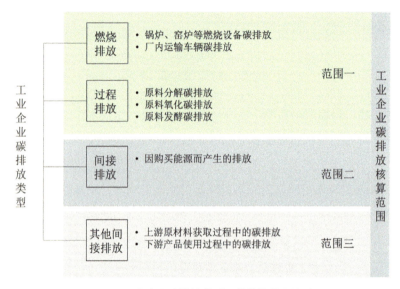

图1-4　工业企业碳排放类型及其核算范围关系图

注：世界资源研究所（WRI）和世界可持续发展工商理事会（WBCSD）发起的联合倡议——温室气体核算体系（Greenhouse Gas Protocol，简称GHG Protocol）将温室气体排放分为三个范围。[①]

2. 制定企业的降碳目标

在国家"30·60目标"大背景下，企业应开展降碳目标设定的研究，防止在行业强制性政策发布后处于被动地位。企业应跨部门成立包括技术、运营、环保等各领域专家在内的减碳委员会，在组织碳盘查基础上，评估现有技术和装备的适用性和效率，探讨可能的技术升级和改进，以实现降低碳排放的目标。

---

① 姜涛,潘燕宁,蔡宇凌.工业企业减碳降碳基本逻辑和方法路径分析[J].节能与环保,2023(6):33-36.

根据碳盘查和评估结果，制定可行的降碳目标和详细的实施计划，明确责任部门和时间节点，确保目标的落实。同时建立完善的监测体系，定期跟踪碳排放情况和实施效果，及时调整和优化减排措施，确保目标的顺利实现。

3. 抢占先机尽早布局

对企业来讲，针对范围一、二中某些碳排放的降碳举措的实施并不会增加企业的运营成本。减碳成本曲线分析表明，一些降碳措施在实施过程中不仅可以减少生产能耗，还能降低企业成本。例如，采用节能型生产设备可以提高能源效率；通过精益管理系统等工艺和管理优化可以降低成本；利用新能源设备生产绿色电能；将高能耗生产设备改为电力驱动……这些举措既有助于减少碳排放，又能降低成本，企业应该尽早布局。

4. 开发供应链绿色资源

范围三中上游供应链的某些降碳举措涉及上游关键资源的抢占，若不尽快采取措施未来将会影响企业的供应链安全，因此需要尽早采取措施。未来各行业对低碳原材料的需求将持续增长，导致供不应求的情况，前瞻性企业正在通过签署合作、进行股权投资或者达成采购协议等方式抢先占据大部分现存和新增产能。以绿铝为例，我国绿铝产能高度集中，截至2021年年底，主要水电铝冶炼厂2025年之前的产能就已基本被行动较快的企业抢先锁定。行业中的引领企业都在主动积极锁定上游紧缺的低碳原材料和核心零部件，以降低未来碳中和成本，保障企业的供应链安全。

5. 打造零碳示范工厂

实施节能减排措施，例如采用数字化碳管理系统结合物联网技术实现工厂内所有设备的能耗和碳排放数据的实时采集、分析、溯源和调控；推行绿色能源替代，将设备的能源供应方式从天然气改为绿色电能或其他可再生能源，最大程度地利用清洁能源；促进材料循环利用，包括对废旧钢铁、铝等材料进行循环再利用；采用负碳技术，如碳捕捉与封存技术、植树造林等方式；运用中国核证自愿减排量（China certified emission reduction，CCER）进行碳排放交易抵减，对于无法通过上述手段减少的碳排放，可以购买CCER碳排放权进行抵销，以实现零排放目标。

6. 开拓绿色盈利模式

探索与绿色低碳相关的新盈利模式，可以为企业带来新的收入来源。除了已有的双积分交易、碳排放权交易等，还有许多新的商机等待发现。未来，碳配额、碳排放权、绿色供应链资源、绿色认证等相关绿色资源的交易可能成为各行业的新的收入增长点。一些先行企业已经通过这些模式实现了"绿色"收益。企业应积极布局，争取把握未来这部分收益。在这个领域里，还有许多未被发掘的商业机会等待着企业去探索和开发。

7. 在行业中树立低碳品牌形象

随着低碳消费观念的普及，企业应在产品和用户互动中，采用创新的产品设计和商业模式，融入低碳理念，引导用户对产品的低碳形象有更深入的认知。这样可以为未来获得"低碳溢价"奠定基础。例如，汽车行业某车企在用户端推出碳减排认证计划，用户可通过 App 提交减排量，由厂商认证并兑换积分。这些创新举措不仅优化了品牌的低碳形象，还增强了用户与品牌之间的互动，同时还鼓励用户采取低碳环保行动，引导和培育用户的绿色消费习惯。

8. 建立企业内部减碳管控机制

减碳举措的实施需要建立内部管控机制，如企业内部的碳定价和减碳绩效考核等。企业可根据自身的减碳决心、风险偏好，以及当前的战略目标选择行业降碳"引领者"还是"跟随者"。但是考虑到未来长期的政策趋势，以及当前绿色供应链资源紧缺的局面，即使无意于成为行业"引领者"的企业也应尽快在一系列零成本减碳举措上开始行动，而不应消极观望、被动应战[①]。

9. 价值链延伸，推出助力其他企业降碳的产品或服务

企业在自身降碳举措初具成果之后，可以将低碳经营向价值链进行延伸，例如企业可以开展碳中和评估服务，提供企业级的碳中和评估和规划服务，帮助其他企业了解其碳排放情况，制定自己的目标和碳中和策略，提供定制化的碳中和规划方案，根据企业的具体需求和实际情况设计合理的碳调整计划；开发本行业碳排放监测与管理软件，提供用于监测、记录和管理碳排放的软件平台，帮助同行业其他企业实时追踪其碳排放量，分析碳排放来源和趋势，并为制定碳中和策略提供数据支持。

---

① 微信公众号"麦肯锡"。

第 2 章 "30·60 目标"达成度的政策和监测架构

2.1 双碳目标政策体系架构

2021 年 10 月 24 日，中共中央、国务院印发《中共中央 国务院关于完整准确全面贯彻新发展理念做好碳达峰碳中和工作的意见》（以下简称《意见》）。10 月 26 日，国务院印发《2030 年前碳达峰行动方案》（以下简称《方案》）。至此，我国碳达峰、碳中和 "1+N" 政策体系结构逐步成型。《意见》作为 "1+N" 体系中的 "1"，提出了我国碳达峰和碳中和阶段的总体部署，是起到统领作用的顶层设计。《方案》则是在《意见》的指导下，对碳达峰阶段的目标进一步具体化、定量化，同时作为首要政策文件与重点领域、行业政策措施和行动构成体系中的 "N"。其体系结构如图 2-1 所示。

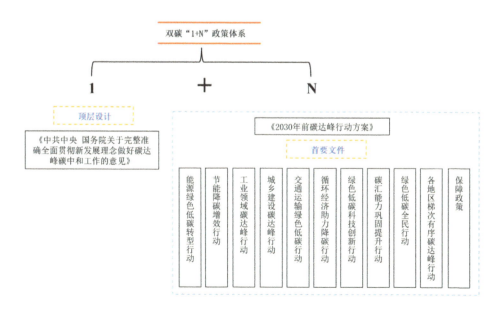

图 2-1 双碳 "1+N" 政策体系结构图

两部核心文件的出台，拉开了我国"30·60目标"政策文件密集制定的大幕[1]。截止到2022年底，国家双碳政策主要是围绕能源双碳行动、节能降碳行动、工业达峰行动、城乡双碳行动、交通低碳行动、循环经济降碳行动、低碳科技创新行动、碳汇巩固行动、全民低碳行动、地区双碳行动（见第4章的各区域政策）以及双碳支持政策等主题。见表2-1所示。

表2-1 国家双碳政策[2]

主题	发布时间	文件名称	发布机构
能源双碳行动	2022年1月30日	关于完善能源绿色低碳转型体制机制和政策措施的意见	国家发展改革委、国家能源局
	2022年3月22日	"十四五"现代能源体系规划	国家发展改革委、国家能源局
	2022年3月23日	氢能产业发展中长期规划（2021-2035年）	国家发展改革委、国家能源局
	2022年5月10日	煤炭清洁高效利用重点领域标杆水平和基准水平（2022年版）	国家发展改革委等部门
	2022年6月1日	"十四五"可再生能源发展规划	国家发展改革委等部门
	2022年10月9日	能源碳达峰碳中和标准化提升行动计划	国家能源局
	2022年10月28日	关于促进光伏产业链健康发展有关事项的通知	国家发展改革委办公厅、国家能源局综合司
	2022年11月11日	五部门关于开展第三批智能光伏试点示范活动的通知	工业和信息化部办公厅等部门
	2022年11月16日	关于进一步做好新增可再生能源消费不纳入能源消费总量控制有关工作的通知	国家发展改革委等部门
	2022年11月28日	关于积极推动新能源发电项目应并尽并、能并早并有关工作的通知	国家能源局综合司

---

[1] 徐东. "1+N"政策体系核心文件出台 构成我国实现"双碳"目标的顶层设计[J]. 国际石油经济, 2022, 30(1): 24-26.
[2] 微信公众号"低碳新风".

续表

主题	发布时间	文件名称	发布机构
节能降碳行动	2022年1月24日	"十四五"节能减排综合工作方案	国务院
	2022年2月11日	高耗能行业重点领域节能降碳改造升级实施指南（2022年版）	国家发展改革委等部门
	2022年6月17日	减污降碳协同增效实施方案	生态环境部等部门
	2022年10月21日	关于严格能效约束推动重点领域节能降碳的若干意见	国家发展改革委等部门
	2022年11月17日	重点用能产品设备能效先进水平、节能水平和准入水平（2022年版）	国家发展改革委等部门
	2022年11月28日	国家清洁生产先进技术目录（2022）（公示稿）	生态环境部办公厅等部门
	2022年12月1日	国家工业和信息化领域节能技术装备推荐目录（2022年版）	工业和信息化部
	2023年3月8日	关于进一步加强节能标准更新升级和应用实施的通知	国家发展改革委、市场监管总局
工业达峰行动	2021年12月3日	"十四五"工业绿色发展规划	工业和信息化部
	2022年2月7日	关于促进钢铁工业高质量发展的指导意见	工业和信息化部等部门
	2022年4月7日	关于"十四五"推动石化化工行业高质量发展的指导意见	工业和信息化部等部门
	2022年4月21日	关于产业用纺织品行业高质量发展的指导意见	工业和信息化部、国家发展改革委
	2022年4月21日	关于化纤工业高质量发展的指导意见	工业和信息化部、国家发展改革委
	2022年6月17日	关于推动轻工业高质量发展的指导意见	工业和信息化部等部门
	2022年6月21日	工业水效提升行动计划	工业和信息化部等部门
	2022年8月1日	关于印发工业领域碳达峰实施方案的通知	工业和信息化部等部门

续表

主题	发布时间	文件名称	发布机构
	2022年8月2日	关于开展2022年工业节能监察工作的通知	工业和信息化部办公厅
	2022年8月29日	加快电力装备绿色低碳创新发展行动计划	工业和信息化部等部门
	2022年10月21日	关于下达2022年度国家工业节能监察任务的通知	工业和信息化部办公厅
	2022年11月15日	有色金属行业碳达峰实施方案	工业和信息化部等部门
	2021年12月22日	2021年碳达峰碳中和专项行业标准制修订项目计划	工业和信息化部办公厅
城乡双碳行动	2021年10月21日	关于推动城乡建设绿色发展的意见	中共中央办公厅、国务院办公厅
	2022年1月25日	"十四五"建筑业发展规划	住房和城乡建设部
	2022年2月11日	"十四五"推进农业农村现代化规划	国务院
	2022年3月1日	"十四五"住房和城乡建设科技发展规划	住房和城乡建设部
	2022年3月11日	"十四五"建筑节能与绿色建筑发展规划	住房和城乡建设部
	2022年6月30日	农业农村减排固碳实施方案	农业农村部、国家发展改革委
	2022年7月13日	城乡建设领域碳达峰实施方案	住房和城乡建设部、国家发展改革委
	2022年10月24日	关于扩大政府采购支持绿色建材促进建筑品质提升政策实施范围的通知	财政部等部门
	2022年10月27日	"十四五"乡村绿化美化行动方案	国家林草局等部门
	2022年11月7日	建材行业碳达峰实施方案	工业和信息化部等部门
	2022年11月14日	建设国家农业绿色发展先行区 促进农业现代化示范区全面绿色转型实施方案	农业农村部办公厅等部门

续表

主题	发布时间	文件名称	发布机构
交通低碳行动	2021年9月22日	中共中央 国务院关于完整准确全面贯彻新发展理念做好碳达峰碳中和工作的意见	中共中央、国务院
	2021年12月22日	数字交通"十四五"发展规划	交通运输部
	2022年1月18日	"十四五"现代综合交通运输体系发展规划	国务院
	2022年1月21日	绿色交通"十四五"发展规划	交通运输部等部门
	2022年3月15日	城市绿色货运配送示范工程管理办法	交通运输部等部门
	2022年3月25日	交通领域科技创新中长期发展规划纲要（2021—2035年）	交通运输部、科技部
	2022年8月18日	绿色交通标准体系（2022年）	交通运输部办公厅
	2022年9月28日	关于加快内河船舶绿色智能发展的实施意见	工业和信息化部等部门
循环经济降碳行动	2021年7月1日	"十四五"循环经济发展规划	国家发展改革委
	2021年12月8日	关于组织开展可循环快递包装规模化应用试点的通知	国家发展改革委办公厅等部门
	2021年12月29日	工业废水循环利用实施方案	工业和信息化部等部门
	2022年1月21日	关于组织开展废旧物资循环利用体系示范城市建设的通知	国家发展改革委办公厅等部门
	2022年2月10日	关于加快推动工业资源综合利用的实施方案	工业和信息化部等部门
	2022年4月11日	关于加快推进废旧纺织品循环利用的实施意见	国家发展改革委等部门
	2022年8月31日	关于深入推进公共机构生活垃圾分类和资源循环利用示范工作的通知	国家机关事务管理局等部门
	2022年11月28日	关于加强县级地区生活垃圾焚烧处理设施建设的指导意见	国家发展改革委等部门

续表

主题	发布时间	文件名称	发布机构
低碳科技创新行动	2021年11月29日	"十四五"能源领域科技创新规划	国家能源局、科学技术部
	2022年8月18日	科技支撑碳达峰碳中和实施方案（2022—2030年）	科技部等部门
	2022年11月2日	"十四五"生态环境领域科技创新专项规划	科技部等部门
碳汇巩固行动	2021年12月6日	关于加快推进竹产业创新发展的意见	国家林草原局等部门
	2021年12月31日	林业碳汇项目审定和核证指南	市场监管总局、国家标准委
	2022年2月21日	海洋碳汇经济价值核算方法	自然资源部
	2023年1月1日	海洋碳汇核算方法标准	自然资源部
全民低碳行动	2022年5月7日	加强碳达峰碳中和高等教育人才培养体系建设工作方案	教育部
	2022年8月31日	关于实施储能技术国家急需高层次人才培养专项的通知	教育部办公厅等部门
	2022年9月19日	2022年绿色低碳公众参与实践基地征集活动方案	生态环境部办公厅
	2022年10月31日	绿色低碳发展国民教育体系建设实施方案	教育部
双碳支持政策	2021年12月30日	关于推进中央企业高质量发展做好碳达峰碳中和工作的指导意见	国务院国资委
	2022年2月16日	全国工商联关于引导服务民营企业做好碳达峰碳中和工作的意见	全国工商联
	2022年3月1日	上海证券交易所"十四五"期间碳达峰碳中和行动方案	上海证券交易所
	2022年3月15日	关于做好2022年企业温室气体排放报告管理相关重点工作的通知	生态环境部办公厅

续表

主题	发布时间	文件名称	发布机构
	2022年5月30日	财政支持做好碳达峰碳中和工作的意见	财政部
	2022年5月31日	支持绿色发展税费优惠政策指引	税务总局
	2022年6月2日	银行业保险业绿色金融指引	中国银保监会
	2022年10月12日	关于扩大政府采购支持绿色建材促进建筑品质提升政策实施范围的通知	财政部等部门
	2022年10月31日	建立健全碳达峰碳中和标准计量体系实施方案	市场监管总局等部门
	2022年11月27日	气候投融资试点地方气候投融资项目入库参考标准	生态环境部办公厅
	2023年3月28日	固定资产投资项目节能审查办法	国家发展改革委

2.2 双碳目标进展情况

以《意见》为指导思想,以《方案》等若干政策文件为行动指南,落实双碳"1+N"政策体系。经济社会发展全过程和各方面与双碳目标进行了有机结合,全面开展实施"碳达峰十大行动"。2022年11月30日,国家发改委发布"碳达峰十大行动"进展报告,总结了七个方面的"碳达峰行动进展"。报告分别从能源绿色低碳转型行动、节能降碳增效行动、工业领域碳达峰行动、循环经济、绿色低碳全民行动、各地区双碳工作推行进展、国资央企双碳工作推行进展进行了汇报。

在能源绿色低碳转型方面,我国加快非化石能源的开发利用,风能、太阳能基础设施建设逐渐完善,不断致力于生物质发电、地热能、非粮生物液体燃料的研究与开发。稳步推进常规水电项目,推动核电建设。同时,化石能源的清洁高效开发利用也取得了积极进展,煤炭资源不断被清洁高效利用,油气开发勘探力度大大提升,重点领域的电气化水平得到了提高。稳步推进新型电力系统建设,跨省区电力资源配置能力不断提升。此外,关于能源转型的保障支撑也在不断加强,多项重大科技创新实现新突破，能源体制机制改革、能源转型政策保障也得到进一步完善。

在节能降碳增效行动方面，国务院印发《"十四五"节能减排综合工作方案》，各省份结合实际情况制定节能工作方案，统筹节能工作。与此同时，工业和信息化部、发改委、财政部、交通运输部等重点行业部门印发相关规划文件，全力保障了节能降碳行动的开展。能耗调控措施不断优化，高耗能、高排放、低水平项目得到一定程度遏制，进一步推动了重点领域和行业的节能降碳改造，节能降碳的基础能力不断提升。另外，有关节能降碳宣传教育和国际合作也得到深入开展。

在工业领域碳达峰行动方面，工业部门制定相关方案，完善规划政策体系，不断深入优化产业结构，推动产业转型。推广节能技术，推进工业节能提效，打造标杆企业。发展循环经济提高资源利用水平，推行绿色制造，支持绿色低碳技术发展，建立行业标准化体系。另外，推动数字赋能绿色发展，新能源汽车、智能光伏、新型储能电池等低碳产品得到进一步推广应用。

在循环经济方面，相关部门进一步健全循环经济发展制度体系，构建资源循环型产业、废弃物循环利用体系，不断推进农业循环经济的发展，推进治理塑料污染和过度包装工作进程。

在绿色低碳全民行动方面，深入开展生态文明宣传教育，积极开展绿色生活创建行动，实施生活垃圾分类，塑料减量替代，开展粮食节约行动，推动绿色低碳消费转型。

在地区双碳工作推行方面，各地区积极推进绿色能源转型，加快推动产业结构优化升级，推进重点行业节能降碳，推广节能低碳交通工具，推动交通运输绿色低碳转型。加强基础设施建设和节能改造，促进城乡绿色高质量发展。大力支持低碳零碳负碳科技创新，推动科技成果转化应用。开展山水林田湖草沙一体保护，提升生态系统碳汇能力。设立双碳专项资金和基金，完善市场化机制和金融财税政策。打造数字化平台，与高校机构合作，培养专业人才。大力开展节能低碳宣传活动，营造绿色低碳社会氛围。

在国资央企双碳行动方面，各国资央企建立健全相关政策机制，制定工作方案，不断优化产业，构建清洁低碳能源体系。加强绿色低碳技术创新和成果转化应用，完善相关管理机制，提高碳排放管理水平。

2.3 相关组织机构及会议

2.3.1 国家层面

在国家层面，主要涉及国家发展改革委、碳达峰碳中和领导小组和碳排放统计核算工作组等相关组织机构的工作。

1. 国家发展改革委统筹整个双碳工作

国家发展改革委根据中共中央、国务院对于双碳工作的指导意见、思想和总体目标，联系我国现有国情，制定具体发展战略和相关政策，联合工业和信息化部、交通运输部、教育部等其他国家机构进行统一战略部署。

2. 碳达峰碳中和工作领导小组推进双碳工作

碳达峰碳中和领导小组是由国务院领导，国家发展改革委、生态环境部、国家能源局、工业和信息化部、交通运输部、农业农村部、科技部、外交部等高级官员和学者所组成的跨部门领导小组，其牵头单位为国家发展改革委。该小组于 2021 年 5 月 26 日正式亮相，领导小组统筹各部门，明确规划和协调双碳工作，最大限度地集合和发挥各部门职能。

3. 碳排放统计核算工作组负责碳排放的核算工作

碳排放统计核算工作组隶属于碳达峰碳中和工作领导小组，于 2021 年 8 月成立，负责我国各地区和各行业的碳排放统计和核算工作。碳排放的精准核算有利于为碳减排政策的制定提供现实依据，也是衡量碳减排策略是否合理有效的直观衡量标准。

2.3.2 地方层面

在地方层面，主要涉及省委省政府、地方发展和改革委、地方生态环境厅和地方生态环境局等相关组织机构的工作。

1. 省委省政府负责地方双碳工作的顶层设计

省委省政府根据党中央指导文件思想，结合该省区发展现状，制定符合当地发展现状的统揽全局文件。

2. 地方发展改革委制定该区域双碳战略文件

地方发展改革委根据省委省政府全局规划文件，联合地方政府其他部门制定具体的战略发展规划和方案，统筹地方双碳工作，其职能与国家发展改革委相似。

3. 地方生环厅和生环局监测地域碳排放数据

地方生态环境厅和地方生态环境局主要负责贯彻落实中央关于生态环境工作的方针政策，负责地方的生态环境保护。同样，其对我国双碳目标的达成不可缺少，在管理地区减排目标的落实方面发挥着重要的作用，对碳减排活动起到监督作用，更是 MRV 体系的主要参与者。

2.3.3 社会层面

在社会层面，主要有博鳌全球碳博会和中国碳中和 50 人论坛两个会议。

1. 博鳌全球碳博会

博鳌全球碳博会是由博鳌全球碳博会组委会主办，是在海南博鳌举办的全球性绿色双碳会议，成立于 2022 年 7 月。该会议旨在以国家政策为指导，构建一个大型全球化双碳产业链合作平台，通过展示碳中和创新技术和产品，推动碳中和产业化发展。首届碳博会于 2023 年 11 月 23-26 日在博鳌零碳示范区东屿岛举办。

2. 中国碳中和 50 人论坛

中国碳中和 50 人论坛是由生态环境部环境规划院和清华大学等机构共同发起，于 2021 年在北京成立，论坛是致力于探究中国绿色转型方案的学术交流和产融实践平台。

第3章 "30·60目标"达成度评价方法论

3.1 指标体系确定

3.1.1 区域及行业指标体系

为了能够科学准确地评价中国不同区域、不同行业"30·60目标"达成度，必须建立科学有效的评价指标体系。区域达成度、行业达成度评价指标体系分别如表 3-1 和表 3-2 所示。

表 3-1 "30·60目标"区域达成度评价指标体系

一级指标	二级指标	指标说明	类型
碳排放量	年碳排放量	每年各地区的碳排放量	负向
	碳生产力	地区 GDP/ 年碳排放量（以 CO_2 计）	正向
	脱钩系数	碳排放变化率 /GDP 变化率	负向
	减排效率	2015-2022 年年均碳排放强度（碳排放量 / GDP）下降率	正向
	人均碳排放量	地区碳排放量 / 地区人口总数	负向
	碳排放年增长率	碳排放每年增长率之和 / 年数	负向
	单位地区 GDP 二氧化碳排放量下降率（较 2005）	单位地区 GDP 二氧化碳排放量 = 碳排放总量 / 地区 GDP	正向
	第一个履约周期配额清缴完成情况	完成配额清缴企业数量 / 纳入配额清缴的企业数量	正向
社会	人均用水量	地区总用水量 / 地区人口总数	负向
	人均用电量	地区总用电量 / 地区人口总数	负向

续表

一级指标	二级指标	指标说明	类型
环境	森林覆盖率	森林覆盖面积/土地面积	正向
	森林蓄积量	有林地中现存各种活立木的材积总量（万立方米）	正向
	城市化水平	城市建成区面积/地区总面积	正向
	建成区面积增长率	[（当年建成区面积－上一年建成区面积）/上一年建成区面积]×100%	正向
	土地开发强度	（建设用地面积/行政区域面积）×100%	负向
	生态用地比例	（整体土地利用中被划分为生态用地的面积/总用地面积）×100%	正向
	建成区绿化覆盖率	（城市建成区域内绿地、草坪、树木等绿化用地面积/总建成区面积）×100%	正向
	人均绿地面积	地区绿地面积/地区人口总数	正向
	活树总存量	包括散生木在内所有存活的树木的总量（万立方米）	正向
能源	单位GDP能耗强度	能源消耗总量/地区GDP（以标煤计）	负向
	煤炭消费占比	煤炭消费量/能源消费总量	负向
	风能	年平均风功率密度	正向
	太阳能	水平面年总太阳辐照量	正向
	高耗能行业所占百分比	（六大高耗能行业主营业务收入/工业主营业务收入总额）×100%	负向
	非化石能源消耗比例	（非化石能源消耗/一次能源消耗总量）×100%	正向
管理	创新投入	R&D投入金额/地区GDP	正向
	环境污染防治支出	地方财政环境保护支出/地方财政一般预算支出	正向
	节能环保投资比例	（当年环保投资/地区GDP）×100%	正向
	主要政策数量	当年出台与"30·60目标"相关的主要政策数量	正向

续表

一级指标	二级指标	指标说明	类型
	宏观目标数量	碳达峰、碳中和目标的数量	正向
经济	地区 GDP	各省份当年生产总值	正向
经济	第三产业比重	第三产业产值 / 地区 GDP	正向
经济	经济发展水平	地区 GDP/ 人口数量	正向
经济	工业增加值占比	第二产业增加值占比	正向
经济	地区 GDP 年平均增长率	地区 GDP 每年增长率之和 / 年数	正向
建筑和交通	公路货运周转率	（公路货运周转量 / 货运周转总量）× 100%	负向
建筑和交通	人均公共交通车辆拥有量	[（公共汽车和有轨电车数量 + 轨道交通数量）/ 年末城市人口]× 100%	正向
建筑和交通	道路网密度	所有道路的总长度 / 区域总面积	正向
技术研发	碳捕获与封存比例	CO_2 从工业或相关能源排放源中分离、收集和封存的比例	正向
技术研发	绿色低碳专利累计数量	绿色低碳专利授权数量（2016-2022 累计）（万件）	正向

表 3-2　"30·60 目标"行业达成度评价指标体系（PTAM 框架）

一级指标	二级指标	指标说明	类型
碳排放现状	年碳排放量	每年各行业的碳排放量	负向
碳排放现状	行业年产值	每年各行业的总产值	正向
碳排放现状	用能总量	每年各行业的能源消费总量	负向
碳排放现状	万元产值碳强度	行业年碳排放总量 / 行业年产值（万元）	负向
碳排放现状	万元产值综合能耗	用能总量 / 行业年产值（万元）	负向
碳排放现状	节能量	万元产值综合能耗减少量	正向
碳排放现状	行业产值的 GDP 占比	行业年产值 /GDP	正向
碳排放现状	产值的年平均增长率	年均行业年产值增长率	正向

续表

一级指标	二级指标	指标说明	类型
	碳排放年增长率	各行业碳排放的增长率	负向
	脱钩系数	碳排放量与产值的脱钩系数 = 碳排放变化率 / 行业年产值变化率	负向
目标和战略	行业政策数量	行业协会出台的政策数量	正向
	定性目标数量	政策文件中定性目标数量	正向
	定量目标数量	政策文件中定量目标数量	正向
	政策目标详细程度得分	行业协会出台的政策 + 定性目标数量 ×1+ 定量目标数量 ×2	正向
降碳行动	能源替代	各行各业终端能耗的清洁能源（天然气、电能、热能）占总能耗的比例	正向
	工艺流程创新数量	规模以上工业企业中有产品或工艺创新活动的企业个数	正向
	材料创新数量	考虑行业材料创新数量的数据可得性，以各行业绿色低碳相关的文献数量来替代表征	正向
	行业绿色示范区数量	行业示范基地 / 绿色工厂数量	正向
	上市企业独立申请的绿色发明数量	每年行业上市企业独立申请的绿色发明数量	正向
	全国碳排放交易重点排放企业数量	行业全国碳排放交易重点排放企业数量	正向
管理机制	行业 R&D 经费	每年行业 R&D 投入金额	正向
	行业主营业务收入	每年行业主营业务收入	正向
	创新投入	（行业 R&D 经费 / 行业主营业务收入）×100%	正向
	行业低碳宣传	行业协会网站披露的低碳宣传情况	正向
	行业上市企业环境治理费用	行业上市企业环境治理费用	正向

3.1.2 相关指标含义

在区域达成度、行业达成度评价指标体系中，涉及年碳排放量、碳生产力和碳排放脱钩系数等具体指标，这些指标的确切含义如下：

1. 年碳排放量

指一个国家或地区以年为单位所产生的总体二氧化碳排放量的累积总和，反映了在特定时间范围内的总体温室气体贡献。该指标对于评估双碳目标达成进程、制定未来减排策略、监测行业贡献等具有重要意义。

2. 碳生产力

指的是单位二氧化碳排放所产出的GDP，是指单位GDP二氧化碳排放量的倒数。提高碳生产力意味着用更少的物质和能源消耗产生更多社会财富。在国土空间规划中，考虑碳生产力因素有助于推进生态文明建设，引导城市绿色低碳发展。

3. 碳排放脱钩系数

是一个衡量经济增长与碳排放关系的指标，它表示单位经济增长所对应的碳排放变化。脱钩系数为正时，经济增长与碳排放正相关；为负时，表明经济增长与碳排放负相关，即实现了经济增长和碳排放的脱钩，意味着经济增长不再以资源消耗和环境破坏为代价。在实现双碳目标的过程中，脱钩系数越小表明经济增长与碳排放脱钩状态越强，越有利于实现双碳目标，因此脱钩系数指标为负向指标。

4. 减排效率

是指在特定减排措施下，实现减少碳排放的程度，它通常以单位能源或单位经济产出所减少的碳排放量来衡量。减排效率越高，表示以更少资源或经济活动实现更大程度的碳减排，因此减排效率为正向指标。

5. 人均碳排放量

是指个体在一定时间内产生的二氧化碳排放量，通常以每人每年的碳排放量来衡量。这是一个关键的环境指标，用于评估特定区域或人群对气候变化的贡献程度，了解该目标有助于评估减排情况，优化减排目标。

6. 碳排放年增长率

是指该年度碳排放量较上一年度碳排放量增长的百分比。它是用来衡量特定地区或组织在一定时间内对大气中二氧化碳的排放变化情况的指标。该指标与可持续发展目标直接相关，为负向指标，控制增长率是实现双碳目标的先决条件。

7. 第一个履约周期配额清缴完成情况

即在全国碳排放权交易市场中，第一个履约周期内各重点排放单位是否按时足额完成其分配的碳排放配额的清缴工作。这一指标的意义在于衡量参与碳市场的企业或单位是否履行了其减排义务，对实现碳减排目标具有重要的监测和评估作用。指标用完成配额清缴企业数目与纳入配额清缴的企业数目之比来表示，比值越高表示该省域内的碳减排完成情况越好，因此为正向指标。

8. 人均用水量和人均用电量

社会层面选取了人均用水量和人均用电量两个指标，用于衡量不同区域的个体在日常生活、工业生产和农业活动中对水资源和电能的需求。人均用水用电量的降低，可以减少对水、电资源的过度使用，减少资源加工、处理、输送过程中所带来的能源消耗和二氧化碳的排放。

9. 森林覆盖率

是指特定地区（省）的整体森林覆盖面积占该地区总面积的比例，反映了该地区的森林资源状况，是衡量森林覆盖程度和生态环境健康的重要指标。高森林覆盖率意味着更多的植被，有助于增强碳吸收能力，减缓大气中二氧化碳的累积，有利于实现碳中和目标。

10. 森林蓄积量

是指森林中单位面积内的木材总量，包括立木和枯木，通常以立方米或吨为单位，衡量了森林储存的木材资源量，直接关系到木材的可持续利用和生态平衡。大量的木材蓄积意味着潜在的碳储存，森林蓄积量越高越有助于实现双碳目标。

11. 城市化水平

即城市建成区面积与地区总面积的比值，表示城市建成区占地区总面积的比例，是城市发展中的关键指标之一。建成区面积增长率，即城市建成区面积较上一年的增长情况，从一定程度上也可以反映地区城市化程度和城市化发展速度。《中国建设统计年鉴》将建成区面积定义为城市行政区内实际已成片开发建设、市政公用设施和公共设施基本具备的区域。两者均是衡量地区城市化进程的指标。目前，现有研究多认为城市化发展水平对碳排放具有促进和抑制等双向作用[1]。较高的城

---

[1] 毕晓航.城市化对碳排放的影响机制研究[J].上海经济研究，2015(10):97-106.

市化水平意味着城区建设要消耗更多的能源,进而产生较高的碳排放量。另一方面较高的城市化水平可能伴随更紧凑的城市布局,有助于提高交通效率、减少能源消耗,同时科学的城市化水平提升所带来的经济增长、产业结构和消费升级从一定程度上可提高碳生产率[①]。结合我国经济发展现状分析,提高高质量城市化发展水平仍是我国现阶段的主要目标之一,体现在"30·60目标"评估体系上为在低碳排放量下稳步科学地推动城市化水平建设。故在体系当中体现为正向指标。

12. 土地开发强度

土地开发强度是建设用地总量占行政区域面积的比例。按照国际惯例,当一个地区的国土开发强度达到30%时,人的生存环境会受到影响。其指标反映了一个地区可用于建设用地的大小,其值越小意味着地区有较大的开发潜力和土地利用空间,因而在体系中体现为负向指标。在衡量城市化水平过程中建成区是指行政区内已经完成成片开发建设的区域,而土地开发强度是城市用于进行建设规划的用地面积。研究认为已完成成片的建设区域体现城市化水平,可用于开发建设的区域面积体现可持续发展潜力。所以城市化水平衡量指标和土地开发强度是两个互相制约的体系指标,其在衡量"30·60目标"评价指标体系中应表现出相反的关系。

13. 生态用地比例

是指在一个地区内,整体土地利用中被划分为生态用地的面积占总用地面积的比例,包括具有生态功能的区域,如湿地、森林、草地等。生态用地如森林和湿地具有良好的碳储存能力,较高的生态用地比例有助于增加碳汇,减缓大气中二氧化碳的累积。

14. 建成区绿化覆盖率

即城市建成区域内绿地、草坪、树木等绿化用地面积与总建成区面积的比例,该指标反映了城市建成环境中绿化空间的占比,是衡量城市生态环境质量的重要指标。更高的建成区绿化覆盖率能够更好地吸收大气中的二氧化碳,增加碳汇,减少碳排放。

---

① 王巧然.城市化对碳生产率的阶段性效应及其区域分异特征研究:来自中国地级市的证据[J].技术经济,2021,40(12):61-73.

15. 人均绿地面积

是指城市或地区中每个居民可供享受的绿地空间的平均面积，涵盖了公园、花园、林地等各类城市绿地，更高的人均绿地面积意味着更强的碳汇能力。

16. 活树总存量

指的是森林中存活的树木的总量，主要通过森林生态系统的光合作用和碳循环过程来储存碳，较高的活树总存量可以提高碳吸收能力。

17. 单位 GDP 能耗强度

即每产生一单位 GDP 所需的能源消耗量。这一指标反映了经济活动中的能源效率水平。通过提高生产效率、采用清洁能源以及推动技术创新，单位 GDP 能耗强度的降低可以减少碳排放，有助于实现碳达峰和碳中和目标。

18. 煤炭消费占比

指的是煤炭在地区能源消费总量中的比重。煤炭是高碳能源，减少其消费有助于应对气候变化，降低温室气体排放，推动清洁能源的发展。

19. 高耗能行业所占百分比

指的是在国家或地区整体能源消耗中，高耗能行业（如工业、交通、建筑、电力等）的能源消耗占比。控制高耗能行业的能源消耗占比，政府能够明确减排目标，降低碳排放，推动碳减排战略；鼓励这些行业采用清洁能源，促进绿色能源发展，实现能源结构转型；促进技术创新和产业升级，推动行业向低碳、高效的方向发展。

20. 非化石能源消耗比例

是指在一个国家或地区的整体能源消耗中，非化石能源（如可再生能源和核能等）所占的百分比，该比例越高意味着对化石燃料的依赖程度越低，能源结构更加绿色。

21. 创新投入

指在科研、技术研发和新兴产业等方面增加的资源和资金量，以推动新的理念、技术和方法的产生。

22. 环境污染防治支出

是指政府、企业或社会为减少、防治环境污染而投入的财政资源。这类支出涵盖多个方面，包括但不限于治理污染、推动清洁能源、促进循环经济等。

23. 主要政策数量

即区域主体每年关于实现"30·60目标"、关于碳减排等的政策出台数量，体现了政府在区域内关于推动碳减排、实现双碳目标方面的积极性。

24. 宏观目标数量

即区域主体每年围绕实现双碳目标所确定的宏观目标数量。

25. GDP

即国内生产总值，是指经济社会（一个国家或地区）在一定时期内运用生产要素所生产的全部最终产品（产品和服务）的市场价值，是对一个国家（地区）经济在核算期内所有常住单位生产的最终产品总量的度量，常常被看成显示一个国家（地区）经济状况的一个重要指标。

26. 第三产业比重

第三产业包括商业、金融、交通、通信、旅游、医疗、教育等服务性行业，第三产业比重即区域主体的第三产业（服务业）在其区域经济中所占的比例，用各主体第三产业的产值占其地区 GDP 的比重来衡量。

27. 经济发展水平

指的是一个国家或地区在一定时期内 GDP 或国民收入等经济指标的总体水平，包括产业结构、技术水平、就业水平、居民生活水平等多个方面的综合表现。

28. 工业增加值占比

即工业创造的附加值在整个国家或地区经济总体中所占的比例，反映了工业在经济中的贡献程度和重要性，通常以百分比表示。

29. 道路网密度

在一定区域内，道路网的总里程与该区域面积的比值。该指标是对道路长度与用地面积间发展关系的限定，它从长度上描述了不同城市规模应有的道路发展水平。较高的道路网密度可能有助于改善交通流畅性，减少拥堵，从而降低车辆的燃油消耗和排放。

30. 公路货运周转率

是指在一定时期内，公路货运周转量与货运周转总量之比。其反映一个区域交通运输结构。公路货运较水路运输、铁路运输，其能源消耗及碳排放均偏高。降低以公路为主要途径的运输方式有利于降低地区碳排放量。

31. 人均公共交通车辆拥有量

指的是单位人口拥有的公共交通工具数量，反映了城市对可持续交通的投资和发展水平。提高人均公共交通车辆拥有量有助于减少私人汽车使用，促进低碳交通模式的采用，进而减少碳排放。

32. 碳捕获和碳封存技术

碳捕获是指通过技术手段将二氧化碳（CO_2）从工业排放源或空气中捕获出来，而碳封存则是将捕获的二氧化碳安全地储存起来，防止其再次释放到大气中。高效的碳捕获技术配合有效的碳封存，可以降低大气中二氧化碳的浓度，有助于实现碳中和目标。

33. 万元产值碳强度

是指单位万元产值所对应的碳排放量，该指标衡量了行业生产过程中产生的温室气体排放与经济产值之间的关系。较低的碳强度表示在产生一定经济价值时，单位碳排放较少，反映了生产过程的环保性。

34. 万元产值综合能耗

是指单位万元产值所需要的综合能源消耗量，该指标综合考虑了生产过程中的能源利用效率，反映了经济活动的能源消耗水平。较低的万元产值综合能耗表示在产生一定经济价值时，能源利用效率较高，对环境的影响相对较小。

35. 行业产值的 GDP 占比

是指不同行业主体创造的总产值在 GDP 中的比例。

36. 能源替代

即各行业主体所使用的清洁能源占总能耗的比例，结合行业特性以及数据的可得性各行业具体表征指标不同。

3.2 方法总结整理

3.2.1 数据选择

"30·60目标"指标评价体系数据来源于国家统计局、统计年鉴以及行业报告等官方途径。如果某个官方指标存在数据缺口或数据不足，会纳入来自官方和非官方提供者的其他衡量标准，或采取线性插值法补全数据缺口。参考 *Sustainable Development Report 2023: Implementing the SDG Stimulus* 采用了五项指标选择标准来确定是否有合适的指标纳入[①]：

（1）具有代表性：适用于各区域及行业主体。

（2）统计充分性：所选指标具有有效和可靠的衡量标准。

（3）及时性：所选指标是最新的，并能及时公布。

（4）覆盖范围：必须有超过二氧化碳排放总含量90%的主体的数据。

（5）目标距离的可测量性：必须能够测量，以便确定最佳性能。

3.2.2 数据来源

区域数据中，碳排放量指标类数据主要来自《中国能源统计年鉴》和《中国统计年鉴》以及各省份的统计年鉴。其中第一个履约周期配额清缴完成情况来自生态环境部所发布的《全国碳排放权交易市场第一个履约周期报告》和各省生态环境厅所发布的报告。社会指标类数据均来自各省的统计年鉴。环境指标类数据来自《中国环境统计年鉴》和《中国统计年鉴》以及各省份的统计年鉴。能源指标类数据来自各省份的统计年鉴和《中国风能太阳能资源年景公报》。管理指标类数据、经济指标类数据以及建筑和交通类数据均来自《中国统计年鉴》以及各省份的统计年鉴。技术研发指标类数据中的碳捕获与封存量来自中国县级碳排放和碳封存数据，通过加和求得各省份相关数据。绿色低碳专利累计数量来自国家知识产权局所发布的《全球绿色低碳技术专利统计分析报告（2023）》。

行业数据中，碳排放数据来源于《中国能源统计年鉴》。行业产值数据、研发经费、主营业务收入以及用能总量等数据来源于《中国统计年鉴》。行业政策及目标数据整理于国务院政策文件库中的文件。环境治理费用、绿色发明数量等数据来源于CSMAR网站，具体到行业同一指标的不同表征数据、行业宣传等定性目标整理于各行业协会官网。

3.2.3 缺失数据和估算

为保证评估的时效，所选择的数据截止到各指标目前可查的最近年份数据，作为评估目前主体目标达成度的依据。若存在某主体年份数据缺失的情况，则选择趋势法补齐；若存在某主体的某个二级指标缺失的情况，则以其余二级指标得

---

① Sachs J D, Lafortune G, Fuller, G, et al. Implementing the SDG Stimulus. Sustainable Development Report 2023. Paris: SDSN, Dublin: Dublin University Press, 2023. 10.25546/102924.

分的平均值作为该二级指标所属一级指标的值，如某个一级指标的下属二级指标缺失值超过 50%，则对该一级指标做标灰处理。

3.2.4 "30·60 目标"指标和仪表盘构建方法

在"30·60 目标"达成度评价方法论中，涉及一系列指标计算、指标上限确定、归一化处理等具体方法，这些方法会直接影响评价结果的科学性和准确性。

1."30·60 目标"指标计算的三个步骤

第一，确定绩效阈值，并从每项指标的分布中剔除极端值；

第二，重新调整数据规模，以确保各项指标之间的可比性（数据归一化）；

第三，在"30·60 目标"内和"30·60 目标"之间汇总各项指标。

为了使不同指标的数据具有可比性，每个变量都从 0 到 100 进行重新标度。其中，0 代表最差表现，100 代表最佳表现。重新缩放对极端值的选择很敏感，因为极端值（异常值）有可能成为非预期的临界值，从而在数据中引入虚假的变异性。因此，上限和下限的选择会影响各主体在指标中的相对排名。

2. 指标上限确定遵循原则

第一，使用"30·60"一级指标和二级指标的绝对量化阈值（例如，联合国可持续发展目标的零贫困、普遍完成学业、完全性别平等）。

第二，如果存在必须在 2030 年或 2060 年实现的基于科学的目标，则利用这些目标来设定 100% 的上限（例如，要求不迟于 2050 年实现 CO_2 的温室气体零排放）。

第三，对于所有其他指标，使用表现最好的五个主体的平均值。

这些原则将"30·60 目标"解释为"拉伸目标"，聚焦于主体落后的指标。下限定义为分布的第 2.5 个百分位数。每个指标的分布都经过删减，因此所有超过上限的值都得 100 分，低于下限的值得 0 分。

3. 归一化处理

在确定上下限后，使用以下缩放公式将变量线性转换为 0 和 100 之间，见式（3-1）：

$$x' = \frac{x - \min x}{\max x - \min x} \times 100 \qquad (3\text{-}1)$$

其中：x 为原始数据值；$\mathbf{max}$、$\mathbf{min}$ 分别表示上限和下限；x' 为重新缩放后的归一化值。

缩放公式确保归一化后所有变量均以升序变量表示（即数值越大表示绩效越好）。这样，经过重新缩放的数据就很容易解释和比较所有指标：一个主体在某个变量上得到 50 分，表示达到最佳值还有一半的距离；而一个主体得到 75 分，表示完成了从最差到最佳的四分之三的距离。

4. 加权和汇总

目前，关于"30·60目标"没有统一的评价体系，相关指标的权重方面没有达成共识。因此，作为一种规范性假设，选择为每项目标分配固定的、相同的权重，以反映决策者平等对待所有"30·60目标"实现路径上的各主要方面的承诺，并将其视为一套综合的、不可分割的目标。这意味着各主体需要关注所有目标，以提高其"30·60目标"指标得分，但要特别关注那些离实现"30·60目标"最远的目标，因为在这些目标上，预计渐进式进展最快。

为计算"30·60目标"指标得分，首先使用一级指标下属二级指标的算术平均值估算一级目标的得分。然后对"30·60目标"的所有一级指标得分进行平均，得出最终的指标得分。

5. 仪表盘

为每个指标引入额外的量化阈值，以"红绿灯"表的形式对各主体进行分组。如果一个主体在大多数指标上表现良好，但在一个"30·60目标"中的一两个二级指标上面临严重不足（这通常被称为"可替代性"或"补偿"问题），那么对一个一级指标的所有二级指标进行平均，可能会掩盖政策关切领域，该方法适用于发展不均衡主体的达成度评价，这些主体在其他许多"30·60目标"方面取得了重大进展，但在个别二级指标上可能面临严重不足。

因此，"30·60目标"仪表盘只关注区域或行业表现最差的两个变量。为此，首先根据指标值与临界值的比较情况，将指标值从 0 改为 3。目标仪表盘只关注一个区域或行业主体表现最差的两个变量。低于红色阈值的数值从 0 到 1 进行重标（使用最小 - 最大公式），其中 0 对应于下限，1 对应于红色阈值。优于绿色阈值的值从 2 到 3，其中 2 对应于绿色阈值，3 对应于上限。这两个值之间的值被类似地重新缩放，黄色 / 橙色阈值被设置为红色和绿色阈值的中间值（重新缩放后为 1.5）。

0 和 3 之间的每个区间都是连续的。然后，取该主体表现最差的两个重新缩放变量的平均值，以确定目标的评级。这里遵循以下规则：即只有当两个表现最差的指标都得分为红色时，才会应用红色评级。同样，要获得绿色评级，两个表现最差的指标都必须为绿色。如果某主体在某个目标下的可用指标不足 50%，则该目标的仪表盘颜色为"灰色"。

6. "30·60目标"趋势

利用历史数据，估算出一个主体在"30·60目标"方面的进展速度，并确定外推到未来，这一速度是否足以在 2030 年实现碳达峰，在 2060 年实现碳中和目标。四种趋势箭头对应的含义如表 3-3 所示。对于每个指标，"30·60目标"的实现情况由"30·60目标"仪表盘设定的绿色阈值来定义。绿色阈值与正常化主体得分之间的百分点差表示实现该目标必须缩小的差距。为估算指标层面的趋势，计算了到 2030 年及 2060 年实现目标（从 2015 年到 2030 年、2060 年的增长）所需的线性年增长率。

表 3-3　表示"30·60目标"趋势的四箭头系统

↓	→	↗	↑
下降	停滞	适度改善	步入正轨或保持实现"30·60目标"
得分下降，即主体朝着错误的方向发展	得分保持停滞或以低于到特定年限（2030 碳达峰；2060 碳中和）实现目标所需增长率 50% 的速度增长。也表示目前超过目标但自 2015 年以来有所下降的分数	得分增长率高于所需增长率的 50%，但低于到特定年限（2030 碳达峰；2060 碳中和）实现"30·60目标"所需的增长率	分数以到特定年限（2030 碳达峰；2060 碳中和）实现"30·60目标"所需的速度增长，或者绩效已经超过"30·60目标"实现阈值

注：表示"30·60目标"趋势的四箭头系统参考 *Sustainable Development Report 2023: Implementing the SDG Stimulus* 制作。

特定指标的进展情况采用四箭头系统进行描述（如图3-1所示）。图3-1以图表说明了这一方法。由于这些计算需要历史数据，因此不能使用只有一个或极少数历史数据点的指标进行分析。用于生成趋势指标的指标清单见表3-1、表3-2。

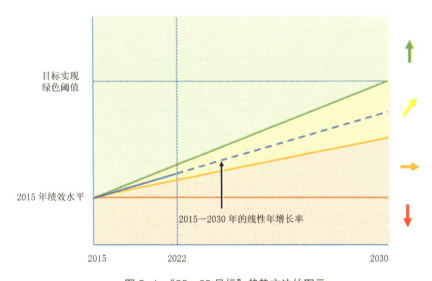

图3-1 "30·60目标"趋势方法的图示

参考 Sustainable Development Report 2023: Implementing the SDG Stimulus 绘制

为估算"30·60目标"的总体趋势，每个指标趋势都根据其增长率在0到4的范围内赋值。增长率下降的指标采用最小－最大公式从0到1进行重排，其中0代表各主体在某一指标上的最差降幅，1代表随着时间的推移绝对停滞（增长率为0）。同样，增长率的增加也被重新划分为1至2、2至3和3至4的区间，其中2对应于达到绿色阈值所需的一半增长率，3对应于达到绿色阈值所需的完全增长率，4为各主体在某一指标上的最高增长率。0到4之间的四个区间分别是连续的。"30·60目标"的趋势是根据该目标趋势指标的所有重新缩放值的算术平均值计算得出的。平均值介于0和1之间表示目标趋势"下降"，介于1和2之间表示目标趋势"停滞"，介于2和3之间表示目标趋势"适度改善"，最后介于3和4之间表示目标趋势"步入正轨"。

由于预测是基于过去几年的增长率，一个主体在过去一年的表现可能有所下降但仍被视为处于正轨。这种方法强调自2015年通过"30·60目标"以来发生的长期结构性变化，而不是关注可能是暂时或周期性的年度变化。采用

Sustainable Development Report 2023: Implementing the SDG Stimulus 的方式，对于目前已超过指标目标，但自 2015 年以来出现下降的主体，将其标记为橙色箭头，表示若下降趋势持续下去，该主体未来可能不再能实现"30·60目标"。

7. "30·60目标"指标状态

如果过去的进展速度足以在 2030 年前实现目标（对应绿色箭头"步入正轨或保持目标的实现"），则该指标被视为按计划进行。过去的进展速度不足以实现"30·60目标"的指标（对应于橙色的"停滞"或黄色的"适度改善"箭头）。朝着错误方向发展的指标（红色"下降"箭头）被视为恶化。如果一个主体的指标已经达到目标，但自 2015 年以来下降至低于绿色阈值，也被视为恶化。为了评估中国"30·60目标"的现状，只考虑那些在长期（自 2015 年以来）和短期（自 2019 年或 2020 年以来）取得一致进展的指标。

第4章 "30·60目标"区域完成情况

4.1 "30·60目标"区域基本情况

国家信息中心编制的《中国区域间投入产出表》根据各区域和各部门之间的经济联系,比较不同区域之间的产业结构和技术差异,分析区域间产业相互关联与影响,将我国大陆部分划分为八大区域。本书综合参考《中国区域间投入产出表》以及姚亮和刘晶茹(2010)[1]、肖雁飞等(2014)[2]、邓吉祥等(2014)[3]、尹伟华等(2017)[4]的区域划分方法,将我国国土按照地域关系、经济发展水平、产业结构、能源结构相似性划分为东北(黑龙江、吉林和辽宁)、京津(北京和天津)、北部沿海(河北和山东)、东部沿海(江苏、上海和浙江)、南部沿海(福建、广东和海南)、中部(山西、河南、安徽、湖北、湖南和江西)、西北(内蒙古、陕西、宁夏、甘肃、青海和新疆)、西南(四川、重庆、广西、云南、贵州和西藏)以及港澳台(香港、澳门和台湾)九个区域。

4.1.1 区域划分标准及原因

区域划分标准及原因,可以从地域关系、经济发展水平、产业结构和能源结构四个方面进行探寻。

1. 地域关系

地域关系涵盖了各省份所处的地理位置、资源状况等自然影响因素。一方面自然因素影响着陆地生态固碳能力,植被覆盖率比较高的地方,一般来说碳汇功能较强;另一方面自然因素决定着人们生产劳作活动方式,地域相近的地区自然条件相

---

[1] 姚亮,刘晶茹.中国八大区域间碳排放转移研究[J].中国人口·资源与环境,2010, 20(12):16-19.
[2] 肖雁飞,万子捷,刘红光.我国区域产业转移中"碳排放转移"及"碳泄漏"实证研究:基于2002年、2007年区域间投入产出模型的分析[J].财经研究,2014, 40(2):75-84.
[3] 邓吉祥,刘晓,王铮.中国碳排放的区域差异及演变特征分析与因素分解[J].自然资源学报, 2014, 29(2):189-200.
[4] 尹伟华,张亚雄,李继峰,等.基于投入产出表的中国八大区域碳排放强度分析[J].资源科学, 2017, 39(12):2258-2264.

似，生产劳作方式更趋于相同，碳排放活动相似。以地域远近划分区域是最为直观简单的划分手段。

2. 经济发展水平

根据库兹涅茨曲线，经济增长与环境恶化间呈现倒"U"型曲线关系，在经济发展初期，环境会随着经济发展水平不断恶化，而经济发展水平到达一定阈值，环境又会随着经济发展水平不断改善[1]。经济发展需要增加资源的使用，资源的大量使用会导致碳排放量大幅增高。当经济发展达到一定水平时，人们收入水平提高，对于高质量生活环境的要求也会提高，所以又会将资金投入到绿色低碳技术的发展中来。与此同时，随着经济发展水平的不断提高，经济结构会从资源消耗型的重工业逐渐转变为服务业和知识密集型产业，进而减少对传统能源的消耗，碳排放量下降。经济发展水平与双碳工作进展有着密不可分的关系，故在简单进行地域划分后，再根据不同经济发展水平进行细致划分。

3. 产业结构

碳排放的主要来源之一是工业生产领域。第二产业比重越大，碳排放强度就越大[2]。以低能耗、低污染为特点的服务业比重提升将会降低碳排放强度，不同比重的产业结构会导致不同的碳排放强度。可见，产业结构是影响碳排放量的重要因素。

4. 能源结构

煤炭、石油等化石能源的大量使用是我国碳排放增长的主要因素，清洁能源和可再生能源的使用是降低碳排放的重要途径。地区之间不同结构的能源使用占比影响着区域之间碳排放的强度和双碳目标达成的进度，所以应将其考虑到衡量双碳目标达成度的区域划分标准中来。

4.1.2 东北地区

东北地区地处我国东北部，地形以平原为主，拥有丰富的天然气、石油、煤炭等自然资源，农业发达，同时是中国四大工业基地之一，重工业发达。但近年来随着资源和环境因素的制约，东北地区工业发展增速放缓。东北地区包括黑龙江省、吉林省和辽宁省，三省工业结构具有一定的相似性，多以资源密集型企业为主。

---

[1] 王中英，王礼茂. 中国经济增长对碳排放的影响分析[J]. 安全与环境学报，2006(5):88-91.
[2] 虞义华，郑新业，张莉. 经济发展水平、产业结构与碳排放强度——中国省级面板数据分析[J]. 经济理论与经济管理，2011(3):72-81.

1. 政策出台情况（表 4-1）

表 4-1　东北地区部分"双碳"政策梳理表[①]

省份	发文机构	政策名称
黑龙江	黑龙江省生态环境厅	关于 2021-2023 年度推动碳达峰、碳中和工作滚动实施方案
	黑龙江省政府	黑龙江省建立健全绿色低碳循环发展经济体系实施方案
	黑龙江省政府	黑龙江省碳达峰实施方案
	黑龙江省住房城乡建设厅、黑龙江省发展和改革委	黑龙江省城乡建设领域碳达峰实施方案
	黑龙江省工业和信息化厅等部门	黑龙江省工业领域碳达峰实施方案
	黑龙江省市场监管局等部门	黑龙江省建立健全碳达峰碳中和标准计量体系实施方案
吉林	吉林省委省政府	中共吉林省委 吉林省人民政府关于完整准确全面贯彻新发展理念做好碳达峰碳中和工作的实施意见
	吉林省政府	吉林省碳达峰实施方案
	吉林省住房城乡建设厅	吉林省城乡建设领域碳达峰工作方案
辽宁	辽宁省政府	辽宁省碳达峰实施方案
	辽宁省科技厅等部门	辽宁省科技支撑碳达峰碳中和实施方案（2023-2030 年）
	辽宁省住房城乡建设厅、辽宁省发展和改革委	辽宁省城乡建设碳达峰实施方案

2. 碳达峰实施方案（表 4-2）

表 4-2　东北地区碳达峰量化目标表[②]

省份	碳达峰量化目标及时间
黑龙江	2025 年，非化石能源消费比重提高至 15% 左右 2030 年，非化石能源消费比重达到 20% 以上 2030 年前，全省城乡建设领域碳排放达到峰值

---

① 资料来源于公众号"低碳新风"。
② 资料来源于公众号"中欧碳中和"。

省份	碳达峰量化目标及时间
吉林	2025 年，非化石能源消费比重达到 17.7% 2030 年，非化石能源消费比重达到 20% 左右，单位地区生产总值二氧化碳排放比 2005 年下降 65% 以上 2030 年前实现碳达峰
辽宁	2025 年，非化石能源消费比重达到 13.7% 左右，单位地区生产总值能源消耗比 2020 年下降 14.5% 2030 年，非化石能源消费比重达到 20% 左右 2030 年前实现碳达峰

4.1.3 京津地区

京津地区包括北京和天津两大直辖市，北京作为我国首都，是全国的政治中心、文化中心、国际交往中心和科技创新中心。由于北京与天津的地域关系，北京对于天津城市发展具有较强的带动辐射作用。该地区商业发达，人口较多，且拥有较好的教育、医疗等社会资源。

1. 政策出台情况（表 4-3）

表 4-3　京津地区部分"双碳"政策梳理表

省份	发文机构	政策名称
北京	北京市政府	北京市碳达峰实施方案
	北京市国资委	市管企业碳达峰行动方案
	北京市委市政府	北京市建立健全生态产品价值实现机制的实施方案
	北京市生态环境局	北京市深入打好污染防治攻坚战 2023 年行动计划
天津	天津市政府	天津市碳达峰实施方案
	天津市住房城乡建设委	天津市城乡建设领域碳达峰实施方案（征求意见稿）
	天津市城管委	关于细化落实《天津市碳达峰实施方案》的职责分工方案

省份	发文机构	政策名称
	天津市工业和信息化局等部门	天津市工业领域碳达峰实施方案
	天津市机关事务管理局等部门	天津市公共机构碳达峰实施方案
	天津市科技局	天津市科技支撑碳达峰碳中和实施方案（2022-2030年）
	天津市生态环境局等部门	天津市减污降碳协同增效实施方案
	天津市交通运输委	天津市交通运输领域绿色低碳发展实施方案

2. 碳达峰实施方案（表4-4）

表4-4　京津地区碳达峰量化目标表

省份	碳达峰量化目标及时间
北京	2025年，可再生能源消费比重达到14.4%以上，单位地区生产总值能耗比2020年下降14% 2030年，非化石能源消费比重提高到25%左右，顺利实现2030年前碳达峰目标 2025年，市管企业可再生能源消费比重达到15%以上，万元收入能耗较2020年下降14%，高精尖产业营业收入比重达到三分之一 2030年市管企业可再生能源消费比重达到25%左右，二氧化碳排放量整体达到峰值并实现稳中有降，如期实现2030年前碳达峰目标
天津	2025年，单位地区生产总值能源消耗和二氧化碳排放确保完成国家下达指标；非化石能源消费比重力争达到11.7%以上 2030年，单位地区生产总值能源消耗大幅下降，单位地区生产总值二氧化碳排放比2005年下降65%以上；非化石能源消费比重力争达到16%以上，如期实现2030年前碳达峰目标 2025年，在2020年的基础上单位建筑面积能耗下降5%、碳排放下降7%。全市公共机构碳排放总量在2030年前尽早达峰

4.1.4　北部沿海地区

河北和山东位于我国的北部沿海地区，地理位置相邻，地理性质相似，均属于农业大省，人口众多。且河北和山东作为我国北方传统经济大省，钢铁、石化等高耗能的重化工业部门较多，对于煤炭等传统能源的需求量较大。

1. 政策出台情况（表 4-5）

表 4-5　北部沿海地区部分"双碳"政策梳理表

省份	发文机构	政策名称
河北	河北省委省政府	关于完整准确全面贯彻新发展理念认真做好碳达峰碳中和工作的实施意见
	河北省政府	河北省碳达峰实施方案
山东	山东省委省政府	贯彻落实《中共中央、国务院关于完整准确全面贯彻新发展理念做好碳达峰碳中和工作的意见》的若干措施
	山东省政府	山东省碳达峰实施方案
	山东省委省政府	山东省建设绿色低碳高质量发展先行区三年行动计划（2023-2025 年）

2. 碳达峰实施方案（表 4-6）

表 4-6　北部沿海地区碳达峰量化目标表

省份	碳达峰量化目标及时间
河北	2025 年，非化石能源消费比重达到 13% 以上 2030 年，煤炭消费比重降至 60% 以下，非化石能源消费比重达到 19% 以上，单位地区生产总值能耗和二氧化碳排放在 2025 年基础上继续大幅下降
山东	2025 年，非化石能源消费比重提高至 13% 左右，单位地区生产总值能源消耗、二氧化碳排放分别比 2020 年下降 14.5%、20.5% 2030 年，非化石能源消费占比达到 20% 左右，单位地区生产总值二氧化碳排放比 2005 年下降 68% 以上，确保如期实现 2030 年前碳达峰目标

4.1.5　东部沿海地区

东部沿海地区包括浙江、江苏和上海，两省一市又被称为江浙沪地区，是我国经济发展最为活跃、开放程度最高的区域之一。该地区主要以纺织业、服务业和高新技术产业为主，商品经济发达，科技创新实力和经济实力雄厚，人民生活富裕，是我国高质量发展的典范地区。

1. 政策出台情况（表 4-7）

表 4-7　东部沿海地区部分"双碳"政策梳理表

省份	发文机构	政策名称
浙江	浙江省委科技强省建设领导小组	浙江省碳达峰碳中和科技创新行动方案
	浙江省委省政府	中共浙江省委 浙江省人民政府关于完整准确全面贯彻新发展理念做好碳达峰碳中和工作的实施意见
	浙江省财政厅	关于支持碳达峰碳中和工作的实施意见
	浙江省经济和信息化厅等部门	浙江省工业领域碳达峰实施方案
江苏	江苏省政府	江苏省碳达峰实施方案
	江苏省人大常委会	江苏省人民代表大会常务委员会关于推进碳达峰碳中和的决定
	江苏省生态环境厅	2022 年推动碳达峰碳中和工作计划
	江苏省科技厅、江苏省财政厅	江苏省科学技术厅、江苏省财政厅 2023 年度省碳达峰碳中和科技创新专项资金项目指南
上海	上海市委市政府	中共上海市委 上海市人民政府关于完整准确全面贯彻新发展理念做好碳达峰碳中和工作的实施意见
	上海市政府	上海市碳达峰实施方案
	上海市政府	上海加快打造国际绿色金融枢纽服务碳达峰碳中和目标的实施意见
	上海市发展改革委	上海市能源电力领域碳达峰实施方案
	上海市科技委等部门	上海市科技支撑碳达峰碳中和实施方案
	上海市发展改革委等部门	上海市推进重点区域、园区等开展碳达峰碳中和试点示范建设的实施方案

2. 碳达峰实施方案（表 4-8）

表 4-8　东部沿海地区碳达峰量化目标表

省份	碳达峰量化目标及时间
浙江	2025 年，非化石能源消费比重达到 24% 左右；森林覆盖率达到 61.5%，森林蓄积量达到 4.45 亿立方米 2030 年，单位 GDP 二氧化碳排放比 2005 年下降 65% 以上；非化石能源消费比重达到 30% 左右，风电、太阳能发电总装机容量达到 5 400 万千瓦以上；森林覆盖率稳定在 61.5% 左右，森林蓄积量达到 5.15 亿立方米左右，零碳、负碳技术创新及产业发展取得积极进展，二氧化碳排放达到峰值后稳中有降 2025 年，初步建立有利于绿色低碳发展的财税政策框架 2030 年前，建立绿色低碳发展的财税政策体系 2060 年前，财政支持绿色低碳发展的政策体系成熟健全，推动碳中和目标顺利实现 2025 年，规模以上单位工业增加值能耗较 2020 年下降 16% 以上，力争下降 18%；单位工业增加值二氧化碳排放下降 20% 以上
江苏	2025 年，单位地区生产总值能耗比 2020 年下降 14%，非化石能源消费比重达到 18%，林木覆盖率达到 24.1% 2030 年，二氧化碳排放比 2005 年下降 65% 以上，风电、太阳能等可再生能源发电总装机容量达到 9 000 万千瓦以上，非化石能源消费比重、林木覆盖率持续提升 2030 年前二氧化碳排放量达到峰值 2025 年，规模以上单位工业增加值能耗比 2020 年下降 17%，单位工业增加值二氧化碳排放比 2020 年下降 20%，重点行业能源利用效率达到国际先进水平
上海	2025 年，单位生产总值能源消耗比 2020 年下降 14%，非化石能源占能源消费总量比重力争达到 20% 2030 年，非化石能源占能源消费总量比重力争达到 25%，单位生产总值二氧化碳排放比 2005 年下降 70%，确保 2030 年前实现碳达峰

4.1.6　南部沿海地区

南部沿海地区包括广东、福建、海南三地，位于沿海地区，地理位置优越，对外商品贸易发达，经济水平较高。同时，制造业现代化水平较高，工业发展智能化，电子信息业、机械制造业等行业发展位于全国前列。

1. 政策出台情况（表4-9）

表4-9 南部沿海地区部分"双碳"政策梳理表

省份	发文机构	政策名称
广东	广东省政府	广东省碳达峰实施方案
	广东省委省政府	中共广东省委 广东省人民政府关于完整准确全面贯彻新发展理念推进碳达峰碳中和工作的实施意见
	广东省政府	广东省发展绿色金融支持碳达峰行动的实施方案
福建	福建省委省政府	关于完整准确全面贯彻新发展理念做好碳达峰碳中和工作的实施意见
	福建省住房城乡建设厅、福建省发展改革委	福建省城乡建设领域碳达峰实施方案
海南	海南省政府	海南省碳达峰实施方案
	海南省政府	海南省"十四五"节能减排综合工作方案

2. 碳达峰实施方案（表4-10）

表4-10 南部沿海地区碳达峰量化目标表

省份	碳达峰量化目标及时间
广东	2025年，非化石能源消费比重力争达到32%以上 2030年，单位地区生产总值能源消耗和单位地区生产总值二氧化碳排放的控制水平继续走在全国前列，非化石能源消费比重达到35%左右，顺利实现2030年前碳达峰目标
福建	2025年，非化石能源消费比重达到27.40%；森林覆盖率比2020年增加0.12个百分点，森林蓄积量达到7.79亿立方米 2030年，单位地区生产总值能耗大幅下降；单位地区生产总值二氧化碳排放比2005年下降65%以上；非化石能源消费比重达到30%以上，风电、太阳能发电总装机容量达到2000万千瓦以上；森林覆盖率比2020年增加0.19个百分点，森林蓄积量达到8亿立方米，二氧化碳排放量达到峰值并实现稳中有降 2060年，能源利用效率达到国际先进水平，非化石能源消费比重达到80%以上，碳中和目标顺利实现 2030年前，城乡建设领域碳排放达到峰值

续表

省份	碳达峰量化目标及时间
海南	2025年，非化石能源消费比重提高至22%以上，可再生能源消费比重达到10%以上 2030年，非化石能源消费比重力争提高至54%左右，单位国内生产总值二氧化碳排放相比2005年下降65%以上，顺利实现2030年前碳达峰目标

4.1.7 中部地区

中部地区包括山西、河南、安徽、湖北、湖南和江西六省，面积102.8万平方公里，占全国国土总面积的10.7%。中部地区农业发达，第一产业所占比重较高，同时是我国的传统工业区域，产业结构以钢铁、化工、煤炭等重工业为主。目前该地区正在加速产业升级改造，努力实现农业现代化发展和工业制造智能化发展。

1. 政策出台情况（表4-11）

表4-11 中部地区部分"双碳"政策梳理表

省份	发文机构	政策名称
山西	山西省政府	山西省碳达峰实施方案
	山西省生态环境厅	山西省大型活动碳中和实施方案
	山西省委省政府	中共山西省委 山西省人民政府关于完整准确全面贯彻新发展理念切实做好碳达峰碳中和工作的实施意见
河南	河南省委省政府	河南省碳达峰实施方案
	河南省政府	河南省"十四五"现代能源体系和碳达峰碳中和规划
	河南省碳达峰碳中和工作领导小组办公室	河南省碳达峰试点建设实施方案
	河南省生态环境厅	关于印发"十四五"单位GDP二氧化碳排放降低目标的通知
	河南省工业和信息化厅等部门	河南省工业领域碳达峰实施方案
安徽	安徽省委省政府	中共安徽省委 安徽省人民政府关于完整准确全面贯彻新发展理论做好碳达峰碳中和工作的实施意见
	安徽省政府	安徽省碳达峰实施方案
	安徽省科技厅	安徽省科技支撑碳达峰碳中和实施方案（2022-2030年）

续表

省份	发文机构	政策名称
	安徽省经济和信息化厅等部门	安徽省工业领域碳达峰实施方案
	安徽省住房城乡建设厅、安徽省发展改革委	安徽省城乡建设领域碳达峰实施方案
	安徽省财政厅	安徽省关于财政支持做好碳达峰碳中和工作的实施方案
湖北	湖北省科技厅	湖北省碳达峰碳中和科技创新行动方案
	湖北省委省政府	中共湖北省委 湖北省人民政府关于完整准确全面贯彻新发展理念做好碳达峰碳中和工作的实施意见
湖南	湖南省政府	湖南省碳达峰实施方案
	湖南省科技厅	关于公开征集碳达峰碳中和科技创新需求的通知
	湖南省发展改革委	湖南省推动能源绿色低碳转型做好碳达峰工作的实施方案
	湖南省科技厅等部门	湖南省科技支撑碳达峰碳中和实施方案（2022-2030年）
	湖南省财政厅	湖南省财政支持做好碳达峰碳中和工作的实施意见
	湖南省工业和信息化厅等部门	湖南省工业领域碳达峰实施方案
	湖南省工业和信息化厅等部门	湖南省建材行业碳达峰实施方案
	湖南省工业和信息化厅等部门	湖南省有色金属行业碳达峰实施方案
	湖南省生态环境厅	湖南省减污降碳协同增效实施方案
江西	江西省政府	江西省碳达峰实施方案
	江西省财政厅、江西省发展改革委	江西省碳达峰碳中和财政资金管理办法
	江西省科技厅等部门	江西省科技支撑碳达峰碳中和实施方案
	江西省工业和信息化厅等部门	江西省工业领域碳达峰实施方案
	江西省工业和信息化厅等部门	江西省有色金属行业碳达峰实施方案
	江西省住房城乡建设厅、江西省发展改革委	江西省城乡建设领域碳达峰实施方案
	江西省发展改革委	关于深化价格机制改革支持碳达峰碳中和工作实施方案

2. 碳达峰实施方案（表 4-12）

表 4-12　中部地区碳达峰量化目标表

省份	碳达峰量化目标及时间
山西	2025 年，非化石能源消费比重达到 12%，新能源和清洁能源装机占比达到 50%、发电量占比达到 30% 2030 年，非化石能源消费比重达到 18%，新能源和清洁能源装机占比达到 60% 以上，单位地区生产总值能源消耗和二氧化碳排放持续下降，在保障国家能源安全的前提下二氧化碳排放量力争达到峰值 2030 年，全省供热管网热损失较 2020 年下降 5 个百分点；城市公共供水管网漏损率控制在 8% 以内；城市生活垃圾资源化利用率达到 65%、建筑垃圾资源化利用率达到 55%；装配式建筑占当年城镇新建建筑面积的比例达到 40%
河南	2025 年，全省非化石能源消费比重比 2020 年提高 5 个百分点，确保单位生产总值能源消耗、单位生产总值二氧化碳排放和煤炭消费总量控制完成国家下达指标 2025 年，规模以上工业增加值能耗较 2020 年下降 18%，单位工业增加值二氧化碳排放下降幅度大于全社会下降幅度，重点行业二氧化碳排放强度明显下降 "十五五"期间，在实现工业领域碳达峰的基础上强化碳中和能力，基本建立以高效、绿色、循环、低碳为特征的现代工业体系，确保工业领域二氧化碳排放在 2030 年前达峰
安徽	2025 年，非化石能源消费比重达到 15.5% 以上，单位地区生产总值能耗比 2020 年下降 14% 2030 年，非化石能源消费比重达到 22% 以上，单位地区生产总值二氧化碳排放比 2005 年下降 65% 以上，顺利实现 2030 年前碳达峰目标
湖北	2030 年，构建绿色低碳技术创新体系，大幅提升绿色低碳前沿技术原始创新能力，显著提高减排降碳增汇关键核心技术攻关能力，抢占碳达峰碳中和技术制高点，率先在中部地区实现绿色崛起，打造全国高质量发展的增长极
湖南	2025 年，非化石能源消费比重达到 22% 左右，单位地区生产总值能源消耗和二氧化碳排放下降确保完成国家下达目标 2030 年，非化石能源消费比重达到 25% 左右，单位地区生产总值能耗和碳排放下降完成国家下达目标，顺利实现 2030 年前碳达峰目标
江西	2025 年，非化石能源消费比重达到 18.3%，单位生产总值能源消耗和单位生产总值二氧化碳排放确保完成国家下达指标 2030 年，非化石能源消费比重达到国家确定的江西省目标值，顺利实现 2030 年前碳达峰目标

4.1.8 西北地区

西北地区包括内蒙古、陕西、宁夏、甘肃、青海和新疆。该地区深居内陆，面积广阔，地广人稀，自然特征干旱、降水较少。西北地区是我国重要的畜牧业基地，同时依靠丰富的油气资源，能源重化工产业发达。

1. 政策出台情况（表 4-13）

表 4-13　西北地区部分"双碳"政策梳理表

省份	发文机构	政策名称
内蒙古	内蒙古区委区政府	内蒙古自治区碳达峰实施方案
	内蒙古区委区政府	关于完整准确全面贯彻新发展理念做好碳达峰碳中和工作的实施意见
	内蒙古区能源局	内蒙古自治区关于碳达峰目标下能源保障供应的实施方案
陕西	陕西省政府	陕西省碳达峰实施方案
	陕西省委省政府	中共陕西省委 陕西省人民政府关于完整准确全面贯彻新发展理念做好碳达峰碳中和工作的实施意见
	陕西省生态环境厅	全省生态环境系统贯彻落实碳达峰碳中和目标任务工作思路
宁夏	宁夏区委区政府	宁夏回族自治区碳达峰实施方案
	宁夏区住房城乡建设厅、宁夏区发展改革委	宁夏回族自治区城乡建设领域碳达峰实施方案
	宁夏区科技厅	宁夏碳达峰碳中和科技支撑行动方案
	宁夏区发展改革委	宁夏回族自治区贯彻落实碳达峰碳中和目标要求 推动数据中心和 5G 等新型基础设施绿色高质量发展实施方案
	宁夏区财政厅	宁夏关于财政支持做好碳达峰碳中和工作的实施方案
甘肃	甘肃省委省政府	中共甘肃省委 甘肃省人民政府关于完整准确全面贯彻新发展理念做好碳达峰碳中和工作的实施意见
	甘肃省政府	甘肃省碳达峰实施方案
青海	青海省政府	青海省碳达峰实施方案
	青海省通信管理局、青海省工业和信息化厅	青海省绿色零碳算力网络建设行动计划（2021-2025 年）
新疆	新疆区住房城乡建设厅、新疆区发展改革委	新疆维吾尔自治区城乡建设领域碳达峰实施方案
	新疆区工业和信息化厅等部门	新疆重点领域企业节能降碳工作方案（2022-2025 年）

2. 碳达峰目标（表4-14）

表4-14 西北地区碳达峰量化目标表

省份	碳达峰量化目标及时间
内蒙古	2025年，非化石能源消费比重提高到18%，煤炭消费比重下降至75%以下，自治区单位地区生产总值能耗和单位地区生产总值二氧化碳排放下降率完成国家下达的任务 2030年，非化石能源消费比重提高到25%左右，自治区单位地区生产总值能耗和单位地区生产总值二氧化碳排放下降率完成国家下达的任务，顺利实现2030年前碳达峰目标
陕西	2025年，全省非化石能源消费比重达到16%左右，单位地区生产总值能源消耗和二氧化碳排放下降确保完成国家下达目标，为实现碳达峰奠定坚实基础 2030年，非化石能源消费比重达到20%左右，单位地区生产总值能源消耗和二氧化碳排放持续下降，顺利实现2030年前碳达峰目标
宁夏	2025年，新能源发电装机容量超过5 000万千瓦、力争达到5 500万千瓦，非水可再生能源电力消纳比重提高到28%以上，非化石能源消费比重达到15%左右，单位地区生产总值能源消耗和二氧化碳排放下降确保完成国家下达目标 2030年，新能源发电装机容量达到7 450万千瓦以上，非水可再生能源电力消纳比重提高到35.2%以上，非化石能源消费比重达到20%左右 2035年，非化石能源消费比重达到30%左右，广泛形成绿色低碳的生产和生活模式 2025年，宁夏城乡建设绿色发展体制机制和政策体系基本建立，建设方式绿色转型取得积极进展，绿色建筑高质量发展，可再生能源建筑应用稳步增加 2030年前，城乡建设领域碳排放达到峰值，城乡建设绿色发展体制机制和政策体系进一步完善，"大量建设、大量消耗、大量排放"基本扭转
甘肃	2025年，单位地区生产总值能耗比2020年下降12.5%，单位地区生产总值二氧化碳排放确保完成国家下达目标任务；非化石能源消费比重达到30%，风电、太阳能发电总装机容量达到8 000万千瓦以上；森林覆盖率达到12%，森林蓄积量达到2.8亿立方米，为实现碳达峰碳中和奠定坚实基础 2030年，单位地区生产总值二氧化碳排放比2005年下降65%以上；非化石能源消费比重达到35%左右,风电、太阳能发电总装机容量达到13亿千瓦以上；森林覆盖率达到12.5%，森林蓄积量达到3亿立方米左右，力争与全国同步实现碳达峰目标 2060年，绿色低碳循环发展的经济体系和清洁低碳安全高效的能源体系全面建立，能源利用效率达到国际先进水平，非化石能源消费比重达到80%以上，与全国同步实现碳中和目标

续表

省份	碳达峰量化目标及时间
青海	"十四五"期间,单位生产总值能源消耗和单位生产总值二氧化碳排放确保完成国家下达指标;清洁能源发电量占比超过95%,非化石能源占能源消费总量比重达52.2%;森林覆盖率达到8%,森林蓄积量达到5 300万立方米,草原综合植被盖度达58.5% 2025年,规模以上工业企业重复用水率达到94%,一般工业固体废物综合利用率达到60% 2030年,清洁能源发电量占比保持全国领先,非化石能源消费比重达到55%左右;森林覆盖率、森林蓄积量、草原综合植被盖度稳步提高,确保2030年前实现碳达峰
新疆	2025年前,建筑领域碳排放增速得到有效控制,建筑节能标准不断提高 2030年前,城乡建设领域碳排放达到峰值

4.1.9 西南地区

西南地区涵盖四川、重庆、广西、云南、贵州和西藏六大省区市。该地区地形结构复杂,有盆地、高原地形。其中成渝地区发展速度较快,经济发达,成为拉动整个西南区域经济发展的重要力量。西南地区由于丰富的地理特征和独特的地形地貌,旅游产业蓬勃发展。同时以数字经济、智能制造、电子信息为代表的新兴产业也逐渐成为拉动西南地区经济增长的重要抓手。

1. 政策出台情况(表4-15)

表4-15 西南地区部分"双碳"政策梳理表

省份	发文机构	政策名称
四川	四川省政府省委	中共四川省委 四川省人民政府关于完整准确全面贯彻新发展理论做好碳达峰碳中和工作的实施意见
	四川省政府	四川省碳达峰实施方案
	四川省委	中共四川省委关于以实现碳达峰碳中和目标为引领推动绿色低碳优势产业高质量发展的决定
	四川省发展改革委、四川省能源局	四川省能源领域碳达峰实施方案
	四川省国资委	四川省政府国有资产监督管理委员会关于省属企业碳达峰碳中和的指导意见

续表

省份	发文机构	政策名称
重庆	重庆市委市政府	中共重庆市委 重庆市人民政府关于完整准确全面贯彻新发展理念做好碳达峰碳中和工作的实施意见
	重庆市经济和信息化委等部门	重庆市工业领域碳达峰实施方案
	重庆市政府、四川省政府	成渝地区双城经济圈碳达峰碳中和联合行动方案
	重庆市政府	以实现碳达峰碳中和目标为引领深入推进制造业高质量绿色发展行动计划（2022-2025年）
	重庆市住房城乡建设委、重庆市发展改革委	重庆市城乡建设领域碳达峰实施方案
广西	广西区委区政府	中共广西壮族自治区委员会 广西壮族自治区人民政府关于完整准确全面贯彻新发展理念做好碳达峰碳中和工作的实施意见
	广西区政府	广西壮族自治区碳达峰实施方案
云南	云南省政府	云南省碳达峰实施方案
	云南省委省政府	中共云南省委 云南省人民政府关于完整准确全面贯彻新发展理念做好碳达峰碳中和工作的实施意见
	云南省住房城乡建设厅	云南省城乡建设领域碳达峰实施方案（征求意见稿）
贵州	贵州省委省政府	贵州省碳达峰实施方案
	贵州省住房城乡建设厅、贵州省发展改革委	贵州省城乡建设领域碳达峰实施方案（意见征求稿）
	贵州省发展改革委	贵州省全面深化价格机制改革助力实现碳达峰行动方案（意见征求稿）
	贵州省工业和信息化厅	贵州省工业领域碳达峰实施方案（意见征求稿）
	贵州省工业和信息化厅	贵州省钢铁行业碳达峰实施方案（意见征求稿）
	贵州省工业和信息化厅	贵州省有色金属行业碳达峰实施方案（意见征求稿）
	贵州省工业和信息化厅	贵州省煤化工（石化化工）行业碳达峰实施方案（意见征求稿）
	贵州省工业和信息化厅	贵州省建材行业碳达峰实施方案（意见征求稿）
	贵州省能源局、贵州省发展改革委	贵州省能源领域碳达峰实施方案
	贵州省住房城乡建设厅	贵州省城乡建设领域碳达峰实施方案
西藏	西藏区经济和信息化厅等部门	西藏自治区工业领域碳达峰实施方案

2. 碳达峰实施方案（表4-16）

表4-16　西南地区碳达峰量化目标表

省份	碳达峰量化目标及时间
四川	2025年，全省非化石能源消费比重达到41.5%左右，水电、风电、太阳能发电总装机容量达到1.38亿千瓦以上，单位地区生产总值能源消耗下降14%以上，单位地区生产总值二氧化碳排放确保完成国家下达指标 2030年，全省非化石能源消费比重达到43.5%左右，水电、风电、太阳能发电总装机容量达到1.68亿千瓦左右，单位地区生产总值二氧化碳排放比2005年下降70%以上，如期实现碳达峰目标
重庆	2025年，单位地区生产总值能耗比2020年下降14%，单位地区生产总值二氧化碳排放下降率完成国家下达的目标任务，非化石能源消费比重达到25%，森林覆盖率达到57%，森林蓄积量达到2.8亿立方米 2030年，单位地区生产总值能耗和二氧化碳排放持续下降，非化石能源消费比重达到28%，森林覆盖率保持稳定，森林蓄积量达到3.1亿立方米，二氧化碳排放量达到峰值并实现稳中有降 2060年，全市绿色低碳循环发展的经济体系和清洁低碳安全高效的能源体系全面建立，非化石能源消费比重达到80%以上，碳中和目标顺利实现
广西	2025年，非化石能源消费比重达到30%左右，单位地区生产总值能源消耗和二氧化碳排放下降确保完成国家下达的目标 2030年，非化石能源消费比重达到35%左右，单位地区生产总值二氧化碳排放下降确保完成国家下达的目标，与全国同步实现碳达峰
云南	2025年，风电、太阳能发电总装机容量大幅提升，非化石能源消费比重不断提高，单位地区生产总值能源消耗和二氧化碳排放下降完成国家下达目标 2030年，单位地区生产总值能源消耗和二氧化碳排放持续下降，力争与全国同步实现碳达峰
贵州	2025年非化石能源消费比重达到20%左右、力争达到21.6%，单位地区生产总值能耗和单位地区生产总值二氧化碳排放确保完成国家下达指标 2030年非化石能源消费比重提高到25%左右，单位地区生产总值二氧化碳排放比2005年下降65%以上，确保2030年前实现碳达峰目标
西藏	2025年，工业产业结构与用能结构进一步优化，规模以上单位工业增加值能耗和二氧化碳排放达到国家和自治区要求，工业领域能源利用效率持续提升，实现重点工业企业节能诊断全覆盖 确保工业领域二氧化碳排放2030年前达峰

4.1.10 港澳台地区

港澳台地区包含香港、澳门、台湾三个地区。三地均位于沿海地区，国际贸易发达，城市化进程较快。第三产业是香港和澳门的经济支柱，台湾则着力发展高新技术产业和制造业，构建出口导向型经济体系。由于经济的快速发展，人口较为集中，三地均表现出人多地少、人口稠密的特点。

1. 政策出台情况（表4-17）

表4-17　港澳台地区部分"双碳"政策梳理表

地区	发文机构	政策名称
香港	香港特区政府	香港气候行动蓝图2030+
	香港特区政府	香港气候行动蓝图2050
澳门	澳门环境保护局	澳门长期减碳策略
	澳门环境保护局	澳门环境保护规划（2021-2025）
台湾	台湾环境主管部门	碳费收费办法草案
	台湾发展主管部门	2050净零排放路径及策略总说明

2. 碳达峰实施方案（表4-18）

表4-18　港澳台碳达峰碳中和量化目标表

地区	量化目标及时间
香港[①]	在2035年前将香港的碳排放量从2005年的水平减半 2035年或之前不再使用煤作日常发电，增加可再生能源在发电燃料组合中的比例至7.5%～10%，往后提升至15%；并试验使用新能源和加强与邻近区域合作，长远达至2050年前净零发电的目标 在2050年或之前，商业楼宇用电量较2015年减少三至四成，以及住宅楼宇用电量减少两至三成；并在2035年或之前能达到以上目标的一半 通过推动车辆和渡轮电动化、发展新能源交通工具及改善交通管理措施，长远达至2050年前车辆零排放和运输界别零碳排放的目标。政府会在2035年或之前停止新登记燃油和混合动力私家车，亦在推广电动巴士及商用车辆的同时，计划在未来三年内，与专营巴士公司及其他持份者合作，试行氢燃料电池巴士及重型车辆 在2035年或之前发展足够的转废为能设施，以摆脱依赖堆填区处理生活垃圾。政府亦会加强推动减废回收，预计在2023年落实垃圾收费及2025年起分阶段管制即弃塑胶餐具 2050年前实现碳中和

续表

地区	量化目标及时间
澳门[②]	在2030年或之前实现碳达峰 到2025年，实现二氧化碳排放率比2005年下降大于55%，公共巴士使用新能源车辆比例大于90%，新登记轻型汽车的电动车比例达到15%~20%，环保加Fun站多于7个 到2025年，实现空气质量水平良好至普通的日数占全年之百分比大于85%，$PM_{2.5}$年平均浓度值小于25微克/米^3，海域水质总评估指数达到0.37~0.41，生活垃圾无害化处理率达到100% 到2025年，城市树木量约增加种植5 000株，山林修复120公顷
台湾[③]	到2025年，市区电动公车普及率达35%，不兴建新燃煤电厂 到2030年，公有新建建筑物达建筑能效1级或近零碳建筑。市区公交车和公务车实现电动化，电动车市售比达到30%，电动机车市售比达35%，制造产业电力消费达到15%使用绿电。商业营业场域灯具采用LED灯率达到100%，空调最佳化操作达到60%。总体实现低碳目标 到2035年，实现电动车市售比达60%，电动机车市售比达70% 到2040年，实现50%既有建筑物更新为建筑能效1级或近零碳建筑，新售小客车、摩托车将百分之百电动化 到2050年，再生能源占比超过六成，氢能9%~12%、火力搭配碳捕捉占20%~27%、抽蓄水力占1%，电力需求增幅超过50%。核能确定出局，届时对进口能源的依赖程度将从97.4%降至50%以下。2025年后不再设置新燃煤电厂。实现100%新建建筑物及超过85%建筑物为近零碳建筑 到2050年，实现森林碳汇目标达到-22.5Mt，实现零碳目标

① 资料来源于《香港气候行动蓝图2050》。
② 资料来源于《澳门长期减碳策略》。
③ 资料来源于台湾《2050净零排放路径图》。

4.1.11 中国各省（自治区、直辖市、特别行政区）碳排放情况

2021年中国各省、自治区、直辖市、特别行政区的碳排放量如表4-19所示。

表4-19 2021年中国各省（自治区、直辖市、特别行政区）碳排放量

省份	碳排放量（万吨）	排名	占比（%）
山西省	202 189.90	1	14.955
内蒙古自治区	108 174.00	2	8.001
山东省	104 389.59	3	7.721
河北省	77 873.72	4	5.760

续表

省份	碳排放量（万吨）	排名	占比（%）
江苏省	74 303.24	5	5.496
广东省	60 249.97	6	4.456
新疆维吾尔自治区	59 492.98	7	4.400
河南省	56 183.18	8	4.156
陕西省	55 746.36	9	4.123
安徽省	48 728.01	10	3.604
辽宁省	47 583.87	11	3.520
浙江省	43 276.76	12	3.201
四川省	35 901.29	13	2.655
湖北省	35 175.10	14	2.602
贵州省	34 654.40	15	2.563
黑龙江省	32 368.48	16	2.394
湖南省	29 936.52	17	2.214
宁夏回族自治区	29 827.06	18	2.206
福建省	29 417.22	19	2.176
云南省	26 929.47	20	1.992
广西壮族自治区	26 888.24	21	1.989
江西省	23 223.84	22	1.718
甘肃省	19 575.57	23	1.448
吉林省	19 384.98	24	1.434
上海市	17 373.04	25	1.285
重庆市	17 272.32	26	1.278
天津市	13 191.57	27	0.976

续表

省份	碳排放量（万吨）	排名	占比（%）
北京市	7 894.69	28	0.584
青海省	6 016.02	29	0.445
海南省	5 226.32	30	0.387
香港特别行政区	3 470	31	0.257
澳门特别行政区	65.26	32	0.005
台湾省	—	—	—
西藏自治区	—	—	—

东北地区辽宁省碳排放量最高，占比全国3.520%，黑龙江和吉林碳排放量相对较少，东北地区碳排放量占全国碳排放量的7.348%；京津地区天津和北京的碳排放量水平均相对较低，京津地区碳总排放量占全国碳排放量的1.56%；山东和河北的碳排放量水平均居于全国前列，北部沿海地区碳排放量总占比为13.481%；东部沿海地区江苏和浙江碳排放量较高，上海稍低，东部沿海地区碳排放量总占比为9.982%；南部沿海地区的海南碳排放量较低，在34个省份中位居第30位，广东碳排放量较高，福建则处于中等水平，南部沿海地区碳排放量总占比为7.019%；中部地区除山西最高、江西的碳排放量相对较低之外，其余各省碳排放量相近，均位于全国碳排放量排行中上游位置，而中部区域碳排放量总占比为29.249%；西北地区碳排放量较高的省份有内蒙古、新疆和陕西，而宁夏和甘肃以及青海三省区碳排放量处于比较低的水平，西北地区总碳排放量占比为20.623%；四川是西南地区碳排放量较高的省，而其余省份碳排放量水平多处于中下游，碳排放量相对不高，西南地区碳排放量总占比为10.477%；港澳地区碳排放量均处于末位，总排放量占比为0.262%。西藏自治区和台湾省2021年碳排放量数据缺失，未参与计算。

4.2 "30·60目标"区域达成度

4.2.1 "30·60目标"区域达成度评分

在"30·60目标"区域基本情况分析的基础上，可以进一步开展"30·60目标"区域达成度评分。

1. 上下限的确定

"30·60目标"达成度评价体系中，非化石能源消费比重、单位地区生产总值二氧化碳排放比等指标在所颁布的《中共中央 国务院关于完整准确全面贯彻新发展理念做好碳达峰碳中和工作的意见》和《2030年前碳达峰行动方案》两个文件中设定了碳达峰和碳中和的具体定量目标，如表4-20所示。与此同时，部分省份在顶层文件的指导下，颁布了本省的碳达峰行动方案，并就碳达峰和碳中和目标提出了本省的具体量化目标，但大多数地区省份对于相关量化目标描述比较模糊。故为了方便区域之间的比较，将国家目标作为该类指标绝对阈值上限。考虑到目标的长远性，将评分达到国家所制定的"60"定量目标标准的情况均赋值为100，即为体系上限，设置"30目标"为绿色阈值（下文所指）。体系指标分为正向指标（指标值越大表现越好）和负向指标（指标值越小表现越好），正向指标与负向指标根据相关性进行赋值。

表4-20 碳达峰碳中和定量目标举例

指标名称	碳达峰目标	碳中和目标
单位国内生产总值二氧化碳排放量	比2005年下降65%以上	—
非化石能源消费比	25%	80%
森林覆盖率	25%	—

没有设置具体定量数值的指标则利用指标与目标的相关性进行排序。根据第3章给出的原则，使用表现最好的五个主体的平均值作为上限，将数据分布的第2.5个百分位数作为下限。其具体指标评估标准以及指标与目标的相关性如表4-21所示。

表 4-21 "30·60 目标"区域达成度评价指标及定量标准

一级指标	二级指标	指标说明	类型	定量标准
碳排放量	年碳排放量	每年各地区的碳排放量	负向	—
	碳生产力	地区 GDP/ 年碳排放量（以 CO_2 计）	正向	—
	脱钩系数	碳排放变化率 /GDP 变化率	负向	—
	减排效率	2015-2022 年年均碳排放强度（碳排放量 /GDP）下降率	正向	—
	人均碳排放量	地区碳排放量 / 地区人口总数	负向	—
	碳排放年增长率	碳排放每年增长率之和 / 年数	负向	—
	单位地区 GDP 二氧化碳排放量下降率（较 2005）	单位地区 GDP 二氧化碳排放量 = 碳排放总量 / 地区 GDP	正向	《2030 年前碳达峰行动方案》指出：到 2030 年，单位国内生产总值二氧化碳排放比 2005 年下降 65% 以上
	第一个履约周期配额清缴完成情况	完成配额清缴企业数量 / 纳入配额清缴的企业数量	正向	—
社会	人均用水量	地区总用水量 / 地区人口总数	负向	—
	人均用电量	地区总用电量 / 地区人口总数	负向	—
环境	森林覆盖率	森林覆盖面积 / 土地面积	正向	《2030 年前碳达峰行动方案》指出：到 2030 年，全国森林覆盖率达到 25% 左右
	森林蓄积量	有林地中现存各种活立木的材积总量（万立方米）	正向	—

续表

一级指标	二级指标	指标说明	类型	定量标准
	城市化水平	城市建成区面积/地区总面积	正向	—
	建成区面积增长率	[（当年建成区面积-上一年建成区面积）/上一年建成区面积]×100%	正向	—
	土地开发强度	（建设用地面积/行政区域面积）×100%	负向	《全国国土规划纲要（2016—2030年）》指出：到2030年国土开发强度不超过4.62%
	生态用地比例	（整体土地利用中被划分为生态用地的面积/总用地面积）×100%	正向	—
	建成区绿化覆盖率	（城市建成区域内绿地、草坪、树木等绿化用地面积/总建成区面积）×100%	正向	《全国国土绿化规划纲要（2022—2030年）》指出：城市建成区绿化覆盖率达到43%
	人均绿地面积	地区绿地面积/地区人口总数	正向	—
	活树总存量	包括散生木在内所有存活的树木的总量（万立方米）	正向	—
能源	单位GDP能耗强度	能源消耗总量/地区GDP（以标煤计）	负向	《2030年前碳达峰行动方案》指出：2030年单位GDP能耗达到0.35吨标准煤/万元
	煤炭消费占比	煤炭消费量/能源消费总量	负向	—
	风能	年平均风功率密度	正向	—
	太阳能	水平面年总太阳辐照量	正向	—
	高耗能行业所占百分比	（六大高耗能行业主营业务收入/工业主营业务收入总额）×100%	负向	—

续表

一级指标	二级指标	指标说明	类型	定量标准
	非化石能源消耗比例	（非化石能源消耗/一次能源消耗总量）×100%	正向	《2030年前碳达峰行动方案》指出：到2030年，非化石能源消费比重达25%；2060达到80%
管理	创新投入	R&D投入金额/地区GDP	正向	—
	环境污染防治支出	地方财政环境保护支出/地方财政一般预算支出	正向	—
	节能环保投资比例	（当年环保投资/地区GDP）×100%	正向	—
	主要政策数量	当年出台与"30·60目标"相关的主要政策数量	正向	—
	宏观目标数量	碳达峰、碳中和目标的数量	正向	—
经济	地区GDP	各省份当年生产总值	正向	—
	第三产业比重	第三产业产值/地区GDP	正向	—
	经济发展水平	地区GDP/人口数量	正向	—
	工业增加值占比	第二产业增加值占比	正向	—
	地区GDP年平均增长率	地区GDP每年增长率之和/年数	正向	—
建筑和交通	公路货运周转率	（公路货运周转量/货运周转总量）×100%	负向	—
	人均公共交通车辆拥有量	[（公共汽车和有轨电车数量+轨道交通数量）/年末城市人口]×100%	正向	—
	道路网密度	所有的道路的总长度/区域总面积	正向	—
技术研发	碳捕获与封存比例	CO_2从工业或相关能源排放源中分离、收集和封存的比例	正向	—

一级指标	二级指标	指标说明	类型	定量标准
	绿色低碳专利累计数量	绿色低碳专利授权数量（2016-2022累计）（万件）	正向	—

2. 定性目标评估标准

在评价体系中，"宏观目标数量"指标为定性目标，需进行量化赋值，参考王卓妮等人（2023）的研究[①]将"宏观目标数量"指标分为政策涵盖面和目标详细程度两个子指标，其中目标详细程度评分项根据顶层《意见》所提出的国家级"双碳"考核指标设置。"宏观目标数量"指标赋值如表4-22所示。

表4-22 "宏观目标数量"指标赋分表

指标名称	满分	评分标准	
		评分项	分值
政策涵盖面	60	"双碳"意见 有	10
		"双碳"意见 无	0
		碳达峰实施方案 有	10
		碳达峰实施方案 无	0
		应对气候变化规划 有	10
		应对气候变化规划 无	0
		能源发展规划 有	10
		能源发展规划 无	0
		可再生能源规划 有	10
		可再生能源规划 无	0

---

① 王卓妮，巢清尘，张黎黎."十四五"时期中国省级"双碳"目标评估和政策分析[J].环境保护，2023，51(4):49-54.

续表

指标名称	满分	评分标准		
		评分项	分值	
		生态环境保护规划	有	10
			无	0
目标详细程度	60	单位地区生产总值能耗	定量描述	10
			定性描述	5
			未披露	0
		单位地区生产总值 CO_2 排放	定量描述	10
			定性描述	5
			未披露	0
		非化石能源消费占一次能源消费总量的比重	定量描述	10
			定性描述	5
			未披露	0
		风能发电、太阳能发电装机量	定量描述	10
			定性描述	5
			未披露	0
		森林覆盖率	定量描述	10
			定性描述	5
			未披露	0
		森林蓄积量	定量描述	10
			定性描述	5
			未披露	0

3. 排名（表4-23）

表4-23　2023年中国"30·60目标"区域指标得分排名

排名	省份	得分	排名	省份	得分
1	北京	69.55	18	云南	51.77
2	香港	65.97	19	吉林	50.69
3	广东	62.73	20	黑龙江	50.64
4	浙江	62.13	21	陕西	50.44
5	江苏	59.79	22	湖北	50.33
6	四川	59.79	23	海南	50.21
7	澳门	59.10	24	河南	50.00
8	福建	55.95	25	青海	48.76
9	上海	54.95	26	广西	48.28
10	山东	54.18	27	河北	47.93
11	江西	54.08	28	甘肃	47.63
12	湖南	53.86	29	山西	47.51
13	安徽	53.78	30	辽宁	43.62
14	天津	53.28	31	内蒙古	41.98
15	重庆	53.11	32	西藏	33.91
16	台湾	52.97	33	宁夏	33.51
17	贵州	52.75	34	新疆	32.15

4.2.2 "30·60目标"区域指标现状及趋势仪表盘

在"30·60目标"区域达成度评分的基础上，可以进一步分析"30·60目标"区域指标现状，并描绘趋势仪表盘。

1. 额外阈值的确定

一些指标的红色和绿色阈值可以根据相关政策文件和专家的意见确定，但是相当多的体系指标阈值缺乏相应的规定，人为设置又带有主观性。这里参考2019年美国城市可持续发展报告内的基于统计设定阈值方法[1]。针对正态分布，可依据概率论思想，根据数据之间的分布规律和统计特点，按照既定数列在不同方差范围内的概率分布得到额外阈值[2]。针对非正态分布，根据"二八定律"设置绿色阈值为涵盖上限（最好情况）在内的20%所对应的值，红色阈值则设置为涵盖上限（最好情况）在内的80%所对应的值，其中针对有"30·60目标"明确取值范围的定量目标，基于统计分布确定阈值的方法在确定红绿阈值的时候并不完全适用，故采取基于目标值距离的方法进行确定。存在30定量目标的指标，则其绿色阈值设置为30目标值，若存在60目标的值，则绿色阈值为距离60目标为20%的值。红色阈值则设置为以下限为基准距离绿色阈值为50%的值。见表4-24。

---

[1] Lynch A, LoPresti A, Fox C. The 2019 US cities sustainable development report [R]. New York, USA: Sustainable Development Solutions Network (SDSN), 2019.
[2] 王颖，许成磊.企业投资项目风险预警综合评价：基于改进的功效系数法和灰色关联分析法 [J]. 技术经济，2012, 31(11):70-74.

表 4-24 区域仪表盘阈值设定

一级指标	二级指标	上限	绿色	黄色	橙色	红色	下限	最佳理由
碳排放量	年碳排放量	5784.68	≤ 20474.35	20474.35< x ≤ 45761.97	45761.97< x ≤ 71049.59	> 71049.59	125199.61	表现最好的平均值
	碳生产力	81573.11	≥ 13896.09	13896.09 > x ≥ 8860.14	8860.14 > x ≥ 3824.18	< 3824.18	1399.47	表现最好的平均值
	脱钩系数	-2.06	≤ 0.28	0.28< x ≤ 1.47	1.47< x ≤ 2.66	> 2.66	16.72	表现最好的平均值
	单位地区 GDP 二氧化碳排放量下降率（较 2005）	0.80	≥ 0.65	0.65 > x ≥ 0.55	0.55 > x ≥ 0.44	<0.44	0.23	表现最好的平均值（绿色阈值为 30 目标）
	减排效率	0.10	≥ 0.07	0.07 > x ≥ 0.04	0.04 > x ≥ 0.02	<0.02	-0.19	表现最好的平均值
	人均碳排放量	3.86	≤ 5.43	5.43< x ≤ 9.93	9.93< x ≤ 14.44	> 14.44	48.64	表现最好的平均值
	碳排放年平均增长率	-0.11	≤ 0.01	0.01< x ≤ 0.04	0.04< x ≤ 0.06	> 0.06	0.97	表现最好的平均值
	第一个履约周期配额清缴完成情况	1.00	≥ 1.00	1.00 > x ≥ 0.96	0.96 > x ≥ 0.92	<0.92	0.85	表现最好的平均值
社会	人均用水量	173.99	≤ 229.22	229.22< x ≤ 422.50	422.50< x ≤ 615.78	> 615.78	1238.26	表现最好的平均值
	人均用电量	2913.69	≤ 4090.04	4090.04< x ≤ 6227.99	6227.99 < x ≤ 8365.93	> 8365.93	17226.75	表现最好的平均值

续表

一级指标	二级指标	上限	绿色	黄色	橙色	红色	下限	最佳理由
环境	森林覆盖率	61.67	≥ 25.00	25.00 > x ≥ 20.16	20.16 > x ≥ 15.32	<15.32	5.63	表现最好的平均值（绿色阈值为30目标）
	城市化水平	0.1460	≥ 0.0355	0.0355 > x ≥ 0.02	0.02 > x ≥ 0.0045	<0.0045	0.0003	表现最好的平均值
	建成区面积增长率	7.68	≥ 5.69	5.69 > x ≥ 3.07	3.07 > x ≥ 0.45	<0.45	-1.06	表现最好的平均值
	土地开发强度	0.001	≤ 0.046	0.046< x ≤ 0.067	0.067< x ≤ 0.088	> 0.088	0.13	表现最好的平均值（绿色阈值为30目标）
	生态用地比例	0.91	≥ 0.88	0.88 > x ≥ 0.78	0.78 > x ≥ 0.69	<0.69	0.46	表现最好的平均值
	建成区绿化覆盖率	45.66	≥ 43.00	43.00 > x ≥ 40.17	40.17 > x ≥ 37.34	<37.34	35.93	表现最好的平均值（绿色阈值为30目标）
	人均绿地面积	18.56	≥ 16.22	16.22 > x ≥ 14.58	14.58 > x ≥ 12.94	<12.94	9.56	表现最好的平均值
	活立木总存量	201447.46	≥ 79711.29	79711.29 > x ≥ 46375.89	46375.89 > x ≥ 13040.49	<13040.49	653.38	表现最好的平均值
	森林蓄积量	189805.49	≥ 71900.59	71900.59 > x ≥ 40907.23	40907.23 > x ≥ 9913.87	<9913.87	457.87	表现最好的平均值
能源	单位地区GDP能耗强度	0.15	≤ 0.35	0.35< x ≤ 0.65	0.65< x ≤ 0.94	> 0.94	1.54	表现最好的平均值（绿色阈值为30目标）
	煤炭消费占比	21.66	≤ 29.65	29.65< x ≤ 46.38	46.38< x ≤ 63.11	> 63.11	81.48	表现最好的平均值

续表

一级指标	二级指标	上限	绿色	黄色	橙色	红色	下限	最佳理由
	风能	300.002	≥ 232.34	232.34 > x ≥ 189.99	189.99 > x ≥ 147.64	<147.6400	121.65	表现最好的平均值
	太阳能	1678.8600	≥ 1561.7000	1561.7000 > x ≥ 1489.1000	1489.1000 > x ≥ 1416.5000	<1416.5000	1305.7250	表现最好的平均值
	高耗能行业所占百分比	0.23	≤ 0.28	0.28 < x ≤ 0.41	0.41 < x ≤ 0.55	> 0.55	0.77	表现最好的平均值
	非化石能源消耗比例	80.00	≥ 25.00	25.00 > x ≥ 19.94	19.94 > x ≥ 14.89	<14.89	4.77	60目标（绿色阈值为30目标）
	创新投入	0.025	≥ 0.016	0.016 > x ≥ 0.011	0.011 > x ≥ 0.006	<0.006	0.001	表现最好的平均值
	环境污染防治支出	0.038	≥ 0.032	0.032 > x ≥ 0.025	0.025 > x ≥ 0.032	<0.032	0.012	表现最好的平均值
管理	节能环保投资比例	0.013	≥ 0.008	0.008 > x ≥ 0.006	0.006 > x ≥ 0.003	<0.003	0.003	表现最好的平均值
	主要政策数量	10.00	≥ 7.40	7.40 > x ≥ 5.20	5.20 > x ≥ 3.00	<3.00	2.00	表现最好的平均值
	宏观目标数量	93.00	≥ 77.00	77.00 > x ≥ 58.50	58.50 > x ≥ 40.00	<40.00	18.25	表现最好的平均值
经济	地区GDP	91202.45	≥ 50024.40	50024.40 > x ≥ 32123.07	32123.07 > x ≥ 14221.73	<14221.73	2056.18	表现最好的平均值
	第三产业比重	79.70	≥ 58.23	58.23 > x ≥ 53.78	53.78 > x ≥ 49.34	<49.34	44.46	表现最好的平均值

续表

一级指标	二级指标	上限	绿色	黄色	橙色	红色	下限	最佳理由
	经济发展水平	236482.34	≥ 115803.40	115803.40 > x ≥ 86378.70	86378.70 > x ≥ 56954.00	<56954.00	46109.98	表现最好的平均值
	工业增加值占比	0.47	≥ 0.43	0.43 > x ≥ 0.38	0.38 > x ≥ 0.34	<0.34	0.07	表现最好的平均值
	地区GDP年平均增长率	20.48	≥ 15.73	15.73 > x ≥ 12.74	12.74 > x ≥ 9.76	<9.76	5.79	表现最好的平均值
	公路货运周转率	0.006	≤ 0.008	0.008 < x ≤ 0.016	0.016 < x ≤ 0.024	> 0.024	0.21	表现最好的平均值
建筑和交通	人均公共交通车辆拥有量	14.38	≥ 12.78	12.78 > x ≥ 11.08	11.08 > x ≥ 9.38	<9.38	7.63	表现最好的平均值
	道路网密度	1.327	≥ 0.333	0.333 > x ≥ 0.185	0.185 > x ≥ 0.036	<0.036	0.002	表现最好的平均值
技术开发	碳捕获与封存比例	4.01	≥ 2.40	2.40 > x ≥ 1.40	1.40 > x ≥ 0.39	<0.39	0.09	表现最好的平均值
	绿色低碳专利累计数量	1.72	≥ 0.67	0.67 > x ≥ 0.37	0.37 > x ≥ 0.06	<0.06	0.02	表现最好的平均值

2. 仪表盘表示

各省份和区域指标现状及趋势仪表盘见表 4-25 和表 4-26。

表 4-25 各省份指标现状及趋势仪表盘

	碳排放量 1	社会 2	环境 3	能源 4	管理 5	经济 6	建筑和交通 7	技术研发 8
北京	● ↗	● ↓	● →	● ↗	● ↓	● →	● →	● →
香港	● ↗	● ↓	● ↗	● →	● →	● →	● ↗	● •
广东	● →	● →	● ↗	● ↗	● ↗	● ↗	● →	● ↗
浙江	● →	● →	● →	● ↗	● →	● ↗	● →	● ↓
江苏	● →	● →	● →	● ↑	● →	● →	● →	● ↓
四川	● →	● →	● →	● ↗	● →	● →	● →	● ↓
澳门	● ↗	● ↑	● •	● •	● •	● →	● •	● •
福建	● →	● →	● →	● ↗	● →	● ↗	● →	● →
上海	● →	● ↓	● →	● →	● →	● →	● ↗	● ↓
山东	● →	● →	● →	● →	● ↓	● →	● →	● ↓
江西	● →	● →	● ↓	● ↗	● ↑	● →	● →	● ↗
湖南	● →	● →	● ↓	● →	● →	● →	● →	● ↓
安徽	● →	● →	● →	● ↗	● ↗	● ↗	● ↗	● ↓
天津	● ↗	● →	● ↓	● ↗	● →	● →	● →	● →
重庆	● →	● →	● →	● ↗	● →	● →	● →	● ↓
台湾	● →	● →	● →	● →	● →	● ↗	● →	● •
贵州	● →	● →	● ↓	● →	● ↗	● →	● ↗	● ↓

续表

地区	1		2		3		4		5		6		7		8		9		10	
云南	🔴	→	🟡	↓	🔴	↗	🔴	→	🟠	→	🔴	↗	🟠	→	🟡	↓				
吉林	🟠	→	🟡	→	🟠	↗	🔴	→	🔴	↓	🔴	→	🟠	→	🟠	↗				
黑龙江	🔴	→	🟡	↓	🔴	→	🔴	→	🔴	→	🔴	→	🟡	→	🟠	↑				
陕西	🟠	→	🟠	→	🟠	→	🔴	↗	🟠	↗	🟠	↗	🟠	→	🟡	↓				
湖北	🟠	→	🟠	↓	🟠	→	🟠	→	🟠	→	🟠	→	🟠	→	🟡	↓				
海南	🟠	→	🟠	→	🟠	↗	🟠	→	🟠	↗	🔴	→	🟡	↗	🟠	↓				
河南	🟠	↗	🟢	→	🟠	↗	🟠	→	🔴	→	🟠	→	🟠	→	🟠	↓				
青海	🟠	→	🟠	→	🟠	→	🔴	→	🔴	→	🟠	→	🟠	↗	🟠	↓				
广西	🟠	→	🟡	→	🟠	→	🟠	→	🟠	↓	🟠	→	🟠	↗	🟠	↓				
河北	🔴	→	🟡	→	🟠	→	🔴	→	🟠	→	🟠	→	🟠	↗	🟠	→				
甘肃	🟠	→	🟠	→	🔴	→	🟠	↗	🟠	↓	🟠	→	🟠	→	🟠	↓				
山西	🔴	→	🟡	↓	🟠	→	🟠	→	🟠	→	🟠	→	🟠	↗	🟠	↓				
辽宁	🔴	↓	🟡	→	🟠	↗	🟠	→	🔴	→	🟠	↗	🔴	→	🔴	↓				
内蒙古	🟠	↓	🟠	↓	🟠	→	🟠	→	🟠	↓	🔴	→	🟠	↗	🔴	→				
西藏	⚫	·	🟡	↓	🟠	→	⚫	→	🟠	↓	🔴	↗	🔴	→	🔴	·				
宁夏	🔴	↓	🟠	↗	🔴	→	🔴	→	🟠	↗	🔴	→	🟠	→	🟠	↓				
新疆	🔴	→	🔴	→	🔴	→	⚫	↗	🔴	→	🟠	→	🟠	↗	🟡	↓				

表 4-26　各区域指标现状及趋势仪表盘

区域	碳排放量 1		社会 2		环境 3		能源 4		管理 5		经济 6		建筑和交通 7		技术研发 8	
东北	🔴	→	🟡	→	🟠	↗	🔴	↓	🔴	→	🔴	↗	🟠	→	🟡	↗
京津	🟡	↗	🟡	↓	🔴	→	🟡	↗	🟠	→	🟠	↗	🟠	→	🟠	↓
北部沿海	🔴	→	🟡	→	🟠	↗	🟠	→	🟠	→	🟠	↗	🔴	→	🟠	↓
东部沿海	🟠	→	🟠	→	🔴	↗	🟠	→	🟠	→	🟡	↗	🟠	→	🟠	↓
南部沿海	🟠	→	🟡	→	🟡	↗	🔴	→	🟠	↗	🟠	→	🟠	→	🟡	↓
中部	🟠	→	🟠	→	🟠	↗	🔴	↗	🟠	↗	🟠	↗	🟠	→	🟠	↓
西北	🔴	→	🔴	→	🟠	→	🟠	→	🔴	↗	🟠	→	🟠	→	🟠	↓
西南	🟠	→	🟡	→	🟠	→	🟠	↗	🟠	→	🔴	→	🟡	→	🟠	↓
港澳台	🟠	↗	🟡	→	🔴	↗	🟠	→	🔴	→	🔴	→	🔴	→	⚫	•

第5章 "30·60目标"行业完成情况

5.1 "30·60目标"行业基本情况

5.1.1 行业选取

在综合考虑行业能源消费及碳排放规模、产业上下游影响范围、业内关注程度等因素的基础上，参考现行国家标准《国民经济行业分类》（GB/T 4754-2017），选取畜牧业，煤炭开采与洗选业，电力、热力生产和供应业，黑色金属冶炼和压延加工业，非金属矿物制品业，石油和天然气开采业，有色金属冶炼和压延加工业，建筑业，交通运输、仓储和邮政业，汽车制造业，橡胶和塑料制品业，计算机、通信和其他电子设备制造业，医药制造业，纺织业，食品制造业，化学原料和化学制品制造业共计16个行业。

1. 畜牧业

畜牧业是农业的重要构成部分，已成为全球温室气体排放的主要源头，畜禽养殖过程产生的温室气体排放量约占全球人为温室气体排放量的14.5%。值得关注的是，全球畜禽养殖部门温室气体减排潜力高达30%[1]。近年来，我国加快构建现代养殖体系，推进畜禽养殖废弃物资源化利用，促进种养结合、农牧循环的发展方式及牧区生产方式转型升级，全面提升绿色养殖水平，出台了《"十四五"全国畜牧兽医行业发展规划》等一系列政策文件支持和推动我国畜牧业绿色发展。

2. 煤炭开采与洗选业

我国"富煤、贫油、少气"的能源禀赋特点，形成了长期以煤炭为主的能源消费结构，煤炭在当前以及未来很长一段时期仍是我国的主体能源，在支撑我国能源安全、推动中国式现代化建设中发挥着"压舱石"和"稳定器"的重要作用[2]。虽然煤炭开采与洗选环节在煤炭整个生命周期的碳排放量占比不高，但对后续环节的

---

[1] 白雪冰, 胡浩, 周应恒, 等. 中国畜牧业碳排放的时空演进及其影响因素分析 [J]. 中国农业大学学报, 2023, 28(9): 260-274.
[2] 何双龙, 张斌斌. "双碳"目标下煤矿企业转型发展路径探析 [J]. 中国煤炭, 2023, 49(11):27-30.

碳排放总量会产生明显影响：提升煤炭开采技术水平，可有效减少煤矸石的采出量，进而节约运力，减少运输环节的碳排放量；提升煤炭洗选技术水平，可有效提高煤炭质量，进而减少运输、消费环节的碳排放量。因此，煤炭生产端的绿色低碳集约同样也是我国实现"双碳"目标的重要内容之一。

3. 电力、热力生产和供应业

电力的生产和供应包括电力生产、电力输配，热力生产和供应则指蒸汽和热水的生产和供应，其中碳排放主要集中于电力生产环节。目前，传统火电依然是我国发电的主要方式，通过大力发展非化石能源发电，不断优化化石能源发电结构，不断提高电力系统的调节能力，行业碳排放强度持续下降，为实现"30·60目标"做出了积极贡献。根据中国电力企业联合会统计分析结果，2020年全国单位发电量二氧化碳排放量约为832g/kWh，比2005年下降20.6%，有效减缓了行业二氧化碳排放总量的增长。

4. 黑色金属冶炼和压延加工业

钢铁行业，即黑色金属冶炼和压延加工业，是我国的支柱性产业。从1996年至今，我国钢铁产量一直居于世界首位，是我国能源终端消费领域最大的行业。实施"双碳"目标，钢铁产能和产量达峰是钢铁行业实现碳达峰的前提[1]。在钢铁工业高质量发展指导意见下，通过压减粗钢产量，钢铁行业持续推进超低排放改造，在能源结构调整、氢冶金应用等方面积极行动，推动实现"30·60目标"。

5. 非金属矿物制品业

非金属矿物制品是我国工业二氧化碳排放的最主要来源之一，统计数据表明我国建材行业2020年CO_2排放量高达14.8亿吨，约占全国CO_2排放量的14.8%[2]。随着国家"双碳"战略的实施，行业高度重视水泥、玻璃、陶瓷等传统材料和产业面向"双碳"战略的转型升级，积极推进绿色矿山、工厂、产品的创建，积极研发低碳、零碳和负碳新一代无机非金属材料，有效降低水泥混凝土产业的碳排放总量，以实现全行业的绿色低碳转型[3]。

---

[1] 张云峰."双碳"目标背景下我国炼钢行业发展趋势分析[J].现代工业经济和信息化，2023，13(10):184-186.
[2] CBMF，中国建筑材料联合会.中国建筑材料工业碳排放报告(2020年度)[J].中国建材，2021(4):59-62.
[3] 王发洲，麦立强.无机非金属材料创新助力"双碳"目标[J].硅酸盐学报，2023，51(9):2126-2127.

6. 石油和天然气开采业

中国油气资源丰富，潜力可观，有广阔的发展前景。石油作为中国的主要能源产品，同时也是工业品和生活用品的重要原材料，在我国的能源结构中占据重要地位，随着全球"双碳"理念的深入推广，石油开采面临着资源劣化等诸多挑战，需进一步加强行业减排工作。天然气作为一种清洁能源，具有燃烧效率高、污染物排放少等优点，天然气替代煤炭成为一种重要的能源转型方向。根据中国国家能源局的数据，2020年中国的天然气消费量已经达到了3 258.9亿立方米，同比增长约7.1%。为加快天然气替代煤炭，行业需要在技术研发、资源储备和基础设施建设等方面加大投入和支持[1]。

7. 有色金属冶炼和压延加工业

有色金属工业，即有色金属冶炼和压延加工业，是国民经济的重要基础产业之一，是以开发利用矿产资源为主的能源、技术、资金密集型产业。2020年我国有色金属工业能源消耗约2.65亿吨标准煤，约占全国能源消耗总量的5%。从工艺环节来看，有色金属工业的能源消耗主要集中在矿山、冶炼和加工环节，其中，冶炼环节的能耗占比最高，约占有色金属行业能源消耗总量的80%[2]。

8. 建筑业

建筑业是我国碳排放的主要行业，碳减排潜力大，在实现"双碳"战略目标方面承担着重要任务。我国近年来出台了多项推动建筑业绿色低碳发展的政策举措：2020年，住房城乡建设部等7部门发布的《绿色建筑创建行动方案》提出，发展超低能耗建筑和近零能耗建筑；2021年，国务院办公厅在《中共中央 国务院关于完整准确全面贯彻新发展理念做好碳达峰碳中和工作的意见》中提出，大力发展节能低碳建筑，全面推广绿色低碳建材；2022年，住房城乡建设部在《"十四五"绿色建筑与建筑节能发展规划》中进一步详细指明了各地区要因地制宜地执行节能低碳标准，并以更高的要求明确了到2025年我国低能耗建筑和绿色建筑的占比面积[3]，通过这些措施，建筑业正在逐步向低碳、环保的方向发展。

---

[1] 李福仁."双碳"背景下中国油气发展战略思考[J].现代商贸工业，2023，44(20):7-9.
[2] 李丹，邵朱强.以问题为导向 加快推动有色金属行业绿色低碳转型[J].中国有色金属，2023(13):38-40.
[3] 吴泽洲，黄浩全，陈湘生，等."双碳"目标下建筑业低碳转型对策研究[J].中国工程科学，2023，25(5):202-209.

9. 交通运输、仓储和邮政业

目前，我国交通运输领域仍以化石燃料消耗为主，清洁能源使用比例较低，然而随着居民对出行服务品质需求的提高，运输需求总量不断增长，碳排放总量控制遭遇瓶颈[①]。为解决这一问题，管理部门已经采取多项措施推动交通运输领域"30·60目标"的实现。2020年，我国新能源城市公交车达到46.6万辆，新能源巡游出租车、新能源城市物流配送车分别达到13.2万辆、43万辆[②]，清洁能源的使用比例不断提高。此外，管理部门制定了系列标准限制车辆燃油消耗量，引导绿色出行，从而推动交通运输节能减排目标的实现。

10. 汽车制造业

汽车产业是我国先进制造业的重要一员，在经济建设从高速增长迈向高质量发展的阶段中发挥着核心作用。截至2021年底，全国汽车保有量达3.02亿辆[③]，未来我国汽车消费市场仍将呈现稳中有增的良好发展态势。我国汽车行业碳排放总量高，单车碳排放强度高，大力发展低碳汽车是我国实现碳达峰、碳中和战略目标的重要途径。汽车工业协会数据显示，2021年我国新能源汽车产销量分别为354.5万辆、352.1万辆，同比分别增长159.5%、157.5%，连续7年产销量全球第一，初步预计2025年我国新能源汽车产销量有望突破500万辆。

11. 橡胶和塑料制品业

橡胶和塑料制品行业是国民经济中重要的组成部分之一，主要涉及橡胶、塑料、合成橡胶、橡胶轮胎、塑料制品等领域。

我国是全球第一大塑料生产和消费国，在过去的半个世纪里，塑料产量增长了近20倍，据预测，到2050年，塑料制品年产量将超过5亿吨。在我国"双碳"背景下，废弃塑料等的固体废弃物循环利用和能量回收成为污染物防治与碳减排的连接桥梁，是我国"双碳"路径实现过程中的重要环节。2022年，生态环境部发布《废塑料污染控制技术规范》，明确废弃塑料化学再生控制要求，推动废塑料的再生和

---

① 李晓易，谭晓雨，吴睿，等．交通运输领域碳达峰、碳中和路径研究[J]．中国工程科学，2021，23(6):15-21．
② 交通运输部科学研究院．中国可持续交通发展报告[R]．北京：联合国全球可持续交通大会，2021．
③ 刘阳阳，姜磊，陈科，等．汽车行业碳认证制度支持政策及应用研究[J]．汽车工业研究，2023(2):8-11．

循环利用，真正实现废塑料无限循环使用的闭环路径，加快中国绿色低碳发展[①]。

橡胶行业在现代工业中应用广泛，应用领域包括交通、航空、建材、生活用品等方方面面，是现代社会发展不可或缺的基础。随着国家低碳转型发展的倡导，对高耗能、高污染和资源性行业尤其是橡胶行业的治理是经济转型发展的重要战略部署。我国橡胶行业的绿色转型面临着诸多挑战，例如行业布局的合理性、对行业的投入力度，以及废橡胶综合利用行业的无害化回收、环保型利用。

12. 计算机、通信和其他电子设备制造业

随着互联网的不断发展，人们对电子设备的需求激增，电子设备制造业迅速发展，成为国家经济发展的关键行业之一。随之而来的则是电子垃圾的产生。面向"双碳"背景，电子设备制造业面临诸多挑战。据统计，全球没有被合理回收的电子垃圾近80%。我国已出台多项政策促进行业绿色转型，通过推广节能技术、构建绿色低碳供应链，电子设备制造业正在逐步转向可持续发展路径。

13. 医药制造业

虽然医药制造业并非高耗能产业，但碳排放问题仍不容小觑。为了符合法规并实现患者安全风险最小化目标，需要在每一个制药生产流程上对空气质量、温度和湿度水平进行持续、严格的控制和监测。因此，供暖、通风和空调（HVAC）通常估计占总能源使用量的50%以上。此外，作为灭菌方案的关键部分，蒸汽和水净化过程也需要大量的能量。除了前述由于规模效应而导致的碳排放问题，90%的碳排放集中在供应链上[②]。因此，医药企业需要提高资源利用效率，构建绿色产业体系，促进全产业链低碳发展。

14. 纺织业

我国纺织行业发展水平全球领先，凭借低劳动力成本、低土地成本等优势成为传统支柱产业之一。"十三五"时期，我国纺织行业在全球价值链中的位置稳步提升，至2020年底，全国纺织纤维加工量达到5 800万吨，占全球加工总量的一半以上，化纤产量也维持在全球七成以上。纺织行业生产过程中大量使用电动设备和传统热处理工艺，水、电、气消耗量大，是能耗碳排的主要来源。行业将技术创新作为可

---

① 周荷雯，姚敦雪，杨晴. 废弃塑料热解技术碳足迹研究进展 [J/OL]. 材料导报. [2023-12-16]. https://link.cnki.net/urlid/50.1078.TB. 20231110.1040.016.
② 吴斯旻. 九成碳排来自供应链 我国医药企业低碳转型怎么走 [N]. 第一财经日报，2023-07-17(A06).

持续发展的重要着力点，攻克推广了一批具有广泛实用性的先进工艺与技术[①]。

15. 食品制造业

近年来，食品行业作为重点行业，市场规模一直呈现增长趋势，从产业链端来看，食品制造业与种植业、畜牧业、制造业、物流运输业息息相关，伴随着市场规模的扩大，对应的碳排放量也会增加，统计数据显示，食品行业全链条碳排放量约占全球碳排放量的 25%，是碳排放量较高的产业之一[②]。目前，食品行业在生产环节的节能降碳行动主要集中在可降解包装以及可再生电力方面。

16. 化学原料和化学制品制造业

化学原料和化学制品制造业是我国制造业的重要组成部分，同时也是六大高耗能行业之一，碳排放强度突出，减排难度大，是国家重点关注的行业。化学原料和化学制品制造业低碳减排研究工作的进行，对于自身的绿色低碳转型发展以及国家"双碳"目标的实现都具有重要意义[③]。其中，化工制造环节的能耗以电力和蒸汽消耗为主，其碳排放主要受生产工艺和设备影响，采用高效分馏塔、换热器、空冷器、泵、压缩机、加热炉等传质、换热、旋转等节能设备，并提高单体设备的生产能力，可以从源头上实现节能降耗。

5.1.2 各行业碳排放情况

2021 年中国 16 个行业二氧化碳排放量如表 5-1 所示，其中电力、热力生产和供应业是目前二氧化碳排放量最多的行业。

---

① 高华斌，牛方，梁龙.印染：重点突破七大"关键技术"[J].中国纺织，2021(S4):35-37.
② 杨阳，兰孝峰，侯琼.我国工业减废降碳协同增效路径探索：以食品制造业为例[J].环境工程学报，2023, 17(12)：3817-3825.
③ 孙玉凤."双碳"目标下我国化学原料及化学制品制造业碳减排实证分析[J].现代工业经济和信息化，2023, 13(10)：162-165.

表 5-1 2021 年中国各行业碳排放量

行业	碳排放量/百万吨	排名
电力、热力生产和供应业	470 571.58	1
黑色金属冶炼和压延加工业	1 712.99	2
有色金属冶炼和压延加工业	821.44	3
化学原料和化学制品制造业	821.44	4
交通运输、仓储和邮政业	744.91	5
非金属矿物制品业	568.59	6
煤炭开采和洗选业	316.68	7
畜牧业	95.76	8
石油和天然气开采业	57.19	9
建筑业	43.61	10
食品制造业	40.96	11
纺织业	25.13	12
医药制造业	17.87	13
橡胶和塑料制品业	11.31	14
汽车制造业	10.62	15
计算机、通信和其他电子设备制造业	9.26	16

5.2 "30·60目标"行业达成度

5.2.1 "30·60目标"行业达成度评分

在"30·60目标"行业基本情况分析的基础上，可以进一步开展"30·60目标"行业达成度评分。

1. 上下限的确定

体系指标分为正向指标（指标值越大表现越好）和负向指标（指标值越小表现越好）。正向指标与负向指标根据相关性进行赋分。由于绝大多数行业没有设置具体定量数值，为了方便行业之间的比较，根据第 3 章给出的原则，使用表现最好的五个主体的平均值作为上限，将数据分布的第 2.5 个百分位数作为下限。其具体指标评估标准以及指标与目标的相关性如表 5-2 所示。

表 5-2　"30·60 目标"行业达成度评价指标及相关性

一级指标	二级指标	指标说明	类型
碳排放现状	年碳排放量	每年各行业的碳排放量	负向
	行业年产值	每年各行业的总产值	正向
	用能总量	每年各行业的能源消费总量	负向
	万元产值碳强度	行业年碳排放量 / 行业年产值（万元）	负向
	万元产值综合能耗	用能总量 / 行业年产值（万元）	负向
	节能量	万元产值综合能耗减少量	正向
	行业产值的 GDP 占比	行业年产值 /GDP	正向
	产值的年平均增长率	年均行业年产值增长率	正向
	碳排放年增长率	各行业碳排放的增长率	负向
	脱钩系数	碳排放量与产值的脱钩系数 = 碳排放变化率 / 行业年产值变化率	负向
目标和战略	行业政策数量	行业协会出台的政策数量	正向
	定性目标数量	政策文件中定性目标数量	正向
	定量目标数量	政策文件中定量目标数量	正向
	政策目标详细程度得分	行业协会出台的政策 + 定性目标数量 ×1+ 定量目标数量 ×2	正向

续表

一级指标	二级指标	指标说明	类型
降碳行动	能源替代	各行各业终端能耗的清洁能源（天然气、电能、热能）占总能耗的比例	正向
	工艺流程创新数量	规模以上工业企业中有产品或工艺创新活动的企业个数	正向
	材料创新数量	考虑行业材料创新数量的数据可得性，以各行业绿色低碳相关的文献数量来替代表征	正向
	行业绿色示范区数量	行业示范基地/绿色工厂数量	正向
	上市企业独立申请的绿色发明数量	每年行业上市企业独立申请的绿色发明数量	正向
	全国碳排放交易重点排放企业数量	行业全国碳排放交易重点排放企业数量	正向
管理机制	行业 R&D 经费	每年行业 R&D 投入金额	正向
	行业主营业务收入	每年行业主营业务收入	正向
	创新投入	（行业 R&D 经费/行业主营业务收入）×100%	正向
	行业低碳宣传	行业协会网站披露的低碳宣传情况	正向
	行业上市企业环境治理费用	行业上市企业环境治理费用	正向

2. 定性目标评估标准

在评价体系中，"行业低碳宣传"指标为定性目标，需要进行定量化赋值，其具体评价体系如表 5-3 所示。

表 5-3 "行业低碳宣传"指标赋分表

行业	评分项	分值
人员机构	行业内专门设有节能环保组织	有则计 1 分
	组织的业务范围涉及低碳宣传工作	有则计 1 分
	定期披露组织的工作情况	有则计 1 分
宣传渠道	行业内专门设有节能环保网页	有则计 1 分
	协会官网内设有节能环保专栏	有则计 1 分
	行业定期发布独立的节能环保报告	有则计 1 分
	行业报告中设有节能环保专栏	有则计 1 分
	行业定期举办节能环保会议	有则计 1 分
	行业定期举办节能环保培训	有则计 1 分
	行业定期举办节能环保活动	有则计 1 分

3. 排名（表 5-4）

表 5-4　2023 年中国"30·60 目标"行业指标得分排名

排名	行业	得分
1	建筑业	76.91
2	畜牧业	61.24
3	计算机、通信和其他电子设备制造业	61.10
4	非金属矿物制品业	56.93
5	化学原料和化学制品制造业	56.64
6	电力、热力生产和供应业	50.64
7	黑色金属冶炼和压延加工业	48.24
8	有色金属冶炼和压延加工业	47.68

排名	行业	得分
9	煤炭开采和洗选业	47.40
10	汽车制造业	45.90
11	医药制造业	43.22
12	交通运输、仓储和邮政业	35.90
13	橡胶和塑料制品业	34.01
14	石油和天然气开采业	32.41
15	纺织业	30.47
16	食品制造业	23.90

5.2.2 "30·60目标"行业指标现状及趋势仪表盘

在"30·60目标"行业达成度评分的基础上，可以进一步分析"30·60目标"行业指标现状，并描绘趋势仪表盘。

1. 额外阈值的确定

针对正态分布，根据数据之间的分布规律和统计特点，按照既定数列在不同方差范围内的概率分布得到额外阈值。针对非正态分布，根据"二八定律"，设置绿色阈值为涵盖上限（最好情况）在内的20%所对应的值，红色阈值则设置为涵盖上限（最好情况）在内的80%所对应的值。其中针对有"30·60目标"明确取值范围的定量目标，基于统计分布确定阈值的方法在确定红绿阈值的时候并不完全适用，故采取基于目标值距离的方法进行确定。存在30定量目标的指标，则其绿色阈值设置为30目标值，若存在60目标的值，则绿色阈值为距离60目标为20%的值。红色阈值则设置为以下限为基准距离绿色阈值为50%的值。见表5-5。

表 5-5 行业仪表盘阈值确定

一级指标	二级指标	上限	绿色	黄色	橙色	红色	下限	最佳理由
碳排放现状	年碳排放量	14.84	≤ 17.87	17.87 < x ≤ 419.65	419.65 < x ≤ 821.44	> 821.44	1400.95	表现最好的平均值
	行业年产值	114085.9	≥ 88876.5	88876.5 > x ≥ 59384.7	59384.7 > x ≥ 29892.9	< 29892.9	13921.06	表现最好的平均值
	用能总量	3831.8	≤ 4645	4645 < x ≤ 20342	20342 < x ≤ 36039	> 36039	64066.25	表现最好的平均值
	万元产值碳强度	33.75	≤ 54.42	54.42 < x ≤ 580.13	580.13 < x ≤ 1105.85	> 1105.85	2591.95	表现最好的平均值
	万元产值综合能耗	69.61	≤ 80.12	80.12 < x ≤ 297.90	297.90 < x ≤ 515.69	> 515.69	848.93	表现最好的平均值
	节能量	159.61	≥ 109.78	109.78 > x ≥ 55.65	55.65 > x ≥ 1.51	< 1.51	-1.37	表现最好的平均值
	行业产值的GDP占比	0.0998	≥ 0.0777	0.0777 > x ≥ 0.0519	0.0519 > x ≥ 0.0261	< 0.0261	0.0122	表现最好的平均值
	产值的年平均增长率	0.3941	≥ 0.3344	0.3344 > x ≥ 0.2321	0.2321 > x ≥ 0.1298	< 0.1298	0.0739	表现最好的平均值
	碳排放年增长率	0.0369	≥ 0.0321	0.0321 > x ≥ -0.0293	-0.0293 > x ≥ -0.0906	< -0.0906	-0.1496	表现最好的平均值
	脱钩系数	-0.24	≤ -0.20	-0.20 < x ≤ 0.25	0.25 < x ≤ 0.69	> 0.69	1.47	表现最好的平均值

续表

一级指标	二级指标	上限	绿色	黄色	橙色	红色	下限	最佳理由
目标和战略	行业政策数量	14.6	≥ 13	13 > x ≥ 7	7 > x ≥ 1	< 1	0	表现最好的平均值
	定性目标数量	21.6	≥ 21	21 > x ≥ 12.5	12.5 > x ≥ 4	< 4	0.4	表现最好的平均值
	定量目标数量	14.2	≥ 9	9 > x ≥ 5	5 > x ≥ 1	< 1	0	表现最好的平均值
	政策目标详细程度得分	59.6	≥ 44	44 > x ≥ 26.5	26.5 > x ≥ 9	< 9	0.4	表现最好的平均值
降碳行动	能源替代	0.5485	≥ 0.5330	0.5330 > x ≥ 0.4086	7 > x ≥ 0.2841	< 0.2841	0.0787	表现最好的平均值
	工艺流程创新数量	13750.6	≥ 12045.6	12045.6 > x ≥ 7123.6	7123.6 > x ≥ 2201.6	< 2201.6	72	表现最好的平均值
	材料创新数量	1005.6	≥ 492	492 > x ≥ 251	251 > x ≥ 10	< 10	1.9	表现最好的平均值
	行业绿色示范区数量	59.6	≥ 44	44 > x ≥ 26.5	26.5 > x ≥ 9	< 9	0.4	表现最好的平均值
	上市企业独立申请的绿色发明数量	764.6	≥ 425	425 > x ≥ 226	12.5 > x ≥ 226	< 27	12.4	表现最好的平均值

续表

一级指标	二级指标	上限	绿色	黄色	橙色	红色	下限	最佳理由
	全国碳排放交易重点排放企业数量	477.4	≥ 240	240 > x ≥ 131	131 > x ≥ 22	< 22	2.1	表现最好的平均值
	行业R&D经费	15397375.66	≥ 9281328.12	9281328.12 > x ≥ 5479021.87	5479021.87 > x ≥ 1676715.62	< 1676715.62	1080091.89	表现最好的平均值
	行业主营业务收入	98884.62	≥ 86051.22	86051.22 > x ≥ 56906.85	56906.85 > x ≥ 27762.48	< 27762.48	12871	表现最好的平均值
	创新投入	199.34	≥ 167.07	167.07 > x ≥ 118.32	118.32 > x ≥ 69.57	< 69.57	29.05	表现最好的平均值
	行业低碳宣传	8.8	≥ 8.2	8.2 > x ≥ 6	6 > x ≥ 3.8	< 3.8	2.35	表现最好的平均值
管理机制	行业上市企业环境治理费用	6017784493.4	≥ 327791168.3	327791168.3 > x ≥ 177078551.2	177078551.2 > x ≥ 26365934.04	< 26365934.04	909761.7713	表现最好的平均值

2. 仪表盘表示

各行业指标现状及趋势仪表盘见表5-6。

表5-6　各行业指标现状及趋势仪表盘

行业	碳排放现状 1		目标和战略趋势 2		降碳行动 3		管理机制 4	
畜牧业	🟠	→	🟡	·	🟡	↗	⚫	·
煤炭开采和洗选业	🟠	↗	🟡	·	🟢	→	🟢	→
电力、热力生产和供应业	🔴	↗	🟡	·	🟡	↗	🟢	↗
黑色金属冶炼和压延加工业	🔴	↗	🟡	·	🟡	→	🟢	↗
非金属矿物制品业	🟡	↗	🟡	·	🟢	↗	🟢	↗
石油和天然气开采业	🔴	↗	🟡	·	🔴	→	🟢	↗
有色金属冶炼和压延加工业	🟠	→	🟡	·	🟡	→	🟢	↗
建筑业	🟠	↗	🟢	·	🟡	↗	⚫	·
交通运输、仓储和邮政业	🟠	↗	🟠	·	🟡	↗	⚫	·
汽车制造业	🔴	↗	🟡	·	🟡	↗	🟢	↗
橡胶和塑料制品业	🟠	→	🟠	·	🟢	↗	🟡	→
计算机、通信和其他电子设备制造业	🟠	↗	🟠	·	🟢	↗	🟢	↑
医药制造业	🟠	↗	🔴	·	🟡	↗	🟢	↗
纺织业	🟠	→	🟡	·	🟡	↗	🟢	→
食品制造业	🔴	↗	🔴	·	🟡	↗	🟢	↗
化学原料和化学制品制造业	🔴	↗	🟠	·	🟡	↗	🟢	↗

第 6 章 中国 34 个省份区域概况图

本章将介绍 34 个省份（自治区、直辖市、特别行政区）在"30·60 目标"实施方面的表现，包括各省份排名、相对于平均水平所处的位置、指标的情况（处于恶化状态、进展有限以及已完成或在进展中的指标占比情况）、每个主体的 8 个一级指标（碳排放量、社会、环境、能源、管理、经济、建筑和交通、技术研发）的相对表现现状及趋势状况、数据缺失值状况。

从所列"30·60"区域指标体系的计算结果来看，总体表现得分最高的是北京市，得分最低的是新疆。按区域整体来看，总体表现得分从高到低分别是京津地区（61.41）、港澳台地区（59.35）、东部沿海地区（58.96）、南部沿海地区（56.30）、中部地区（51.59）、北部沿海地区（51.06）、西南地区（50.95）、东北地区（48.32）、西北地区（40.34）。

从一级指标来看，碳排放量指标表现较差的省份是山东、云南、黑龙江、河北、山西、辽宁、内蒙古、宁夏和新疆；社会指标表现较好的是河南和香港，表现较差的是江苏、台湾、内蒙古、宁夏和新疆；环境指标表现较差的是北京、香港、江苏、上海、山东、天津、台湾、云南、青海、甘肃、西藏、宁夏和新疆；能源指标表现较差的是福建、重庆、云南、吉林、陕西、海南、河南、青海、河北和宁夏；管理指标表现较差的是香港、澳门、天津、吉林、湖北、青海、辽宁、西藏和新疆；经济指标表现较差的是香港、澳门、贵州、吉林、黑龙江、海南、河南、甘肃、西藏和宁夏；建筑和交通指标表现较差的是香港、台湾和西藏；技术研发指标表现较差的是西藏和宁夏。

在趋势方面步入正轨或保持将实现"30·60 目标"的有江苏的能源指标、澳门的社会指标、江西的管理指标、黑龙江的技术研发指标。

北京 / 京津地区

▼ 总体表现

省域排名 **1** / 34

省域得分 **69.55**

省域平均值: 51.69

30·60目标现状（%）

恶化
有限的进展
已完成或在进展中

▼ "30·60目标"指标得分

▼ "30·60目标"趋势和仪表盘

▼ 缺失值

0%

香港 / 港澳台地区

▼ 总体表现

省域排名 **2** / 34

省域得分 **65.97**

省域平均值: 51.69

30·60目标现状（%）

恶化
有限的进展
已完成或在进展中

▼ "30·60目标"指标得分

▼ "30·60目标"趋势和仪表盘

▼ 缺失值

22.46%

第一部分 中国篇 **099**

广东 / 南部沿海地区

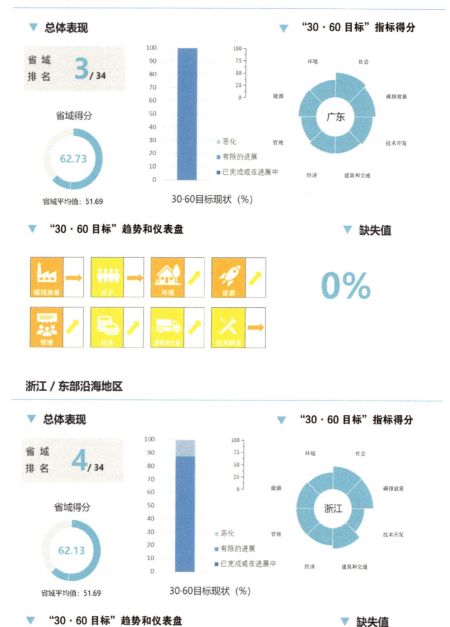

浙江 / 东部沿海地区

江苏 / 东部沿海地区

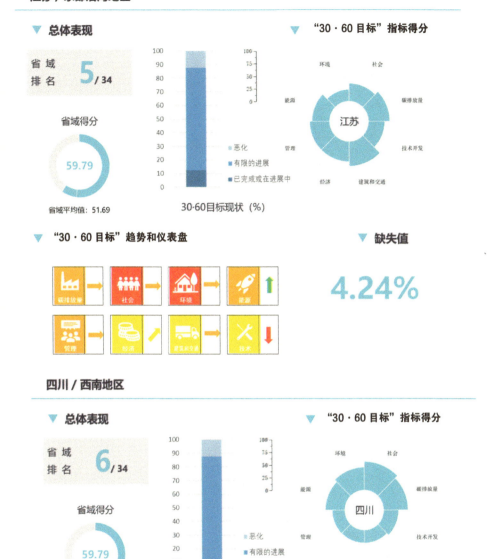

四川 / 西南地区

第一部分 中国篇 **101**

澳门 / 港澳台地区

▼ 总体表现

省域排名 **7** / 34

省域得分 **59.10**

省域平均值：51.69

▼ "30·60目标"指标得分

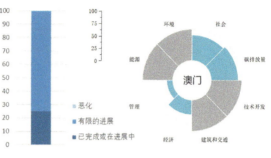

30·60目标现状（%）
- 恶化
- 有限的进展
- 已完成或在进展中

▼ "30·60目标"趋势和仪表盘

▼ 缺失值

39.41%

福建 / 南部沿海地区

▼ 总体表现

省域排名 **8** / 34

省域得分 **55.95**

省域平均值：51.69

▼ "30·60目标"指标得分

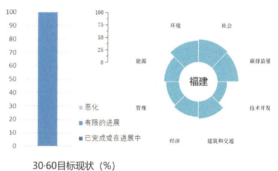

30·60目标现状（%）
- 恶化
- 有限的进展
- 已完成或在进展中

▼ "30·60目标"趋势和仪表盘

▼ 缺失值

0%

上海 / 东部沿海地区

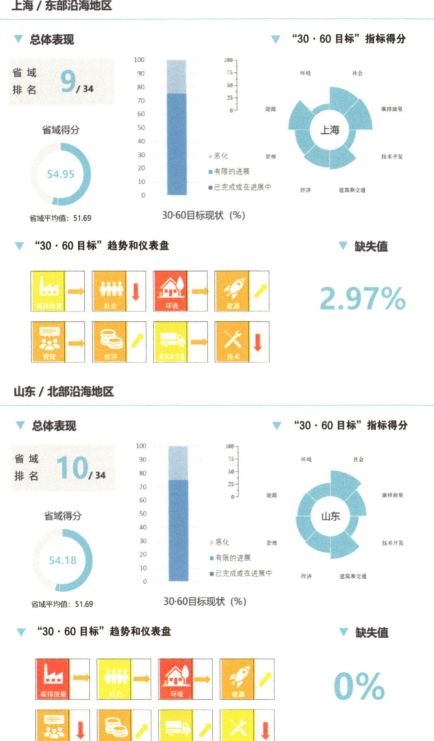

山东 / 北部沿海地区

第一部分　中国篇　**103**

江西 / 中部地区

▼ 总体表现

省域排名 **11** / 34

省域得分 **54.08**

省域平均值：51.69

30·60目标现状（%）
- 恶化
- 有限的进展
- 已完成或在进展中

▼ "30·60目标"指标得分

▼ "30·60目标"趋势和仪表盘

▼ 缺失值

0%

湖南 / 中部地区

▼ 总体表现

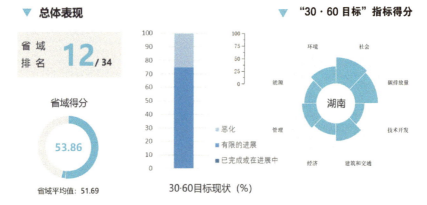

省域排名 **12** / 34

省域得分 **53.86**

省域平均值：51.69

30·60目标现状（%）
- 恶化
- 有限的进展
- 已完成或在进展中

▼ "30·60目标"指标得分

▼ "30·60目标"趋势和仪表盘

▼ 缺失值

4.66%

安徽 / 中部地区

▼ 总体表现

省域排名 **13** /34

省域得分 **53.78**

省域平均值: 51.69

30·60目标现状（%）

- 恶化
- 有限的进展
- 已完成或在进展中

▼ "30·60目标"指标得分

安徽（环境、社会、碳排放量、技术开发、建筑和交通、经济、管理、能源）

▼ "30·60目标"趋势和仪表盘

| 碳排放量 → | 社会 → | 环境 ↗ | 能源 ↗ |
| 管理 ↗ | 经济 ↗ | 建筑和交通 ↗ | 技术 ↓ |

▼ 缺失值

3.81%

天津 / 京津地区

▼ 总体表现

省域排名 **14** /34

省域得分 **53.28**

省域平均值: 51.69

30·60目标现状（%）

- 恶化
- 有限的进展
- 已完成或在进展中

▼ "30·60目标"指标得分

天津（环境、社会、碳排放量、技术开发、建筑和交通、经济、管理、能源）

▼ "30·60目标"趋势和仪表盘

| 碳排放量 ↗ | 社会 ↓ | 环境 ↗ | 能源 ↗ |
| 管理 ↗ | 经济 → | 建筑和交通 → | 技术 ↓ |

▼ 缺失值

5.93%

重庆 / 西南地区

▼ 总体表现

省域排名 **15** / 34

省域得分 **53.11**

省域平均值：51.69

30·60目标现状（%）

▼ "30·60目标"指标得分

▼ "30·60目标"趋势和仪表盘

▼ 缺失值

0%

台湾 / 港澳台地区

▼ 总体表现

省域排名 **16** / 34

省域得分 **52.97**

省域平均值：51.69

30·60目标现状（%）

▼ "30·60目标"指标得分

▼ "30·60目标"趋势和仪表盘

▼ 缺失值

18.22%

贵州 / 西南地区

▼ 总体表现

省域排名 **17** /34

省域得分 **52.75**

省域平均值：51.69

30·60目标现状（%）
- 恶化
- 有限的进展
- 已完成或在进展中

▼ "30·60目标"指标得分

▼ "30·60目标"趋势和仪表盘

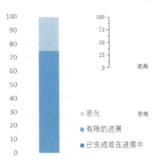

▼ 缺失值

2.97%

云南 / 西南地区

▼ 总体表现

省域排名 **18** /34

省域得分 **51.77**

省域平均值：51.69

30·60目标现状（%）
- 恶化
- 有限的进展
- 已完成或在进展中

▼ "30·60目标"指标得分

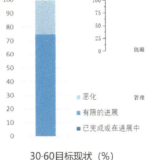

▼ "30·60目标"趋势和仪表盘

▼ 缺失值

3.81%

吉林 / 东北地区

▼ 总体表现

省域排名 **19** /34

省域得分 **50.69**

省域平均值：51.69

30·60目标现状（%）

▼ "30·60目标"指标得分

▼ "30·60目标"趋势和仪表盘

▼ 缺失值

0%

黑龙江 / 东北地区

▼ 总体表现

省域排名 **20** /34

省域得分 **50.64**

省域平均值：51.69

30·60目标现状（%）

▼ "30·60目标"指标得分

▼ "30·60目标"趋势和仪表盘

▼ 缺失值

4.66%

108　可持续发展研究报告（2023）

陕西 / 西北地区

▼ 总体表现

省域排名 **21** / 34

省域得分 **50.44**

省域平均值：51.69

30·60目标现状（％）
- 恶化
- 有限的进展
- 已完成或在进展中

▼ "30·60目标"指标得分

陕西

▼ "30·60目标"趋势和仪表盘

▼ 缺失值

0%

湖北 / 中部地区

▼ 总体表现

省域排名 **22** / 34

省域得分 **50.33**

省域平均值：51.69

30·60目标现状（％）
- 恶化
- 有限的进展
- 已完成或在进展中

▼ "30·60目标"指标得分

湖北

▼ "30·60目标"趋势和仪表盘

▼ 缺失值

2.97%

第一部分 中国篇 *109*

海南 / 南部沿海地区

▼ 总体表现

省域排名 **23**/34

省域得分 **50.21**

省域平均值：51.69

30·60目标现状（%）

▼ "30·60目标"指标得分

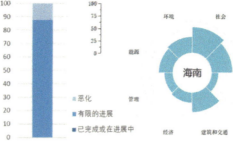

▼ "30·60目标"趋势和仪表盘

▼ 缺失值

0%

河南 / 中部地区

▼ 总体表现

省域排名 **24**/34

省域得分 **50.00**

省域平均值：51.69

30·60目标现状（%）

▼ "30·60目标"指标得分

▼ "30·60目标"趋势和仪表盘

▼ 缺失值

0%

110　可持续发展研究报告（2023）

青海 / 西北地区

▼ 总体表现

省域排名 **25** / 34

省域得分 **48.76**

省域平均值：51.69

30·60目标现状（%）

■ 恶化
■ 有限的进展
■ 已完成或在进展中

▼ "30·60目标"指标得分

▼ "30·60目标"趋势和仪表盘

▼ 缺失值

0%

广西 / 西南地区

▼ 总体表现

省域排名 **26** / 34

省域得分 **48.28**

省域平均值：51.69

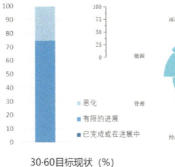

30·60目标现状（%）

■ 恶化
■ 有限的进展
■ 已完成或在进展中

▼ "30·60目标"指标得分

▼ "30·60目标"趋势和仪表盘

▼ 缺失值

2.97%

第一部分 中国篇 *111*

河北 / 北部沿海地区

▼ 总体表现

省域排名 **27** / 34

省域得分 **47.93**

省域平均值：51.69

30·60目标现状 (%)
- 恶化
- 有限的进展
- 已完成或在进展中

▼ "30·60目标"指标得分

河北

环境、社会、碳排放量、技术开发、建筑和交通、经济、管理、能源

▼ "30·60目标"趋势和仪表盘

碳排放量 → 社会 → 环境 → 能源
管理 → 经济 → 建筑和交通 → 技术

▼ 缺失值

0%

甘肃 / 西北地区

▼ 总体表现

省域排名 **28** / 34

省域得分 **47.63**

省域平均值：51.69

30·60目标现状 (%)
- 恶化
- 有限的进展
- 已完成或在进展中

▼ "30·60目标"指标得分

甘肃

环境、社会、碳排放量、技术开发、建筑和交通、经济、管理、能源

▼ "30·60目标"趋势和仪表盘

碳排放量 → 社会 → 环境 → 能源
管理 → 经济 → 建筑和交通 → 技术

▼ 缺失值

0%

山西 / 中部地区

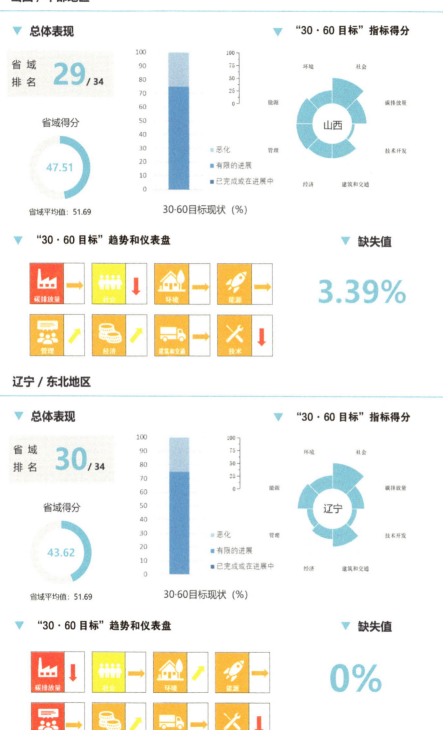

辽宁 / 东北地区

内蒙古 / 西北地区

▼ 总体表现

省域排名 **31** / 34

省域得分 **41.98**

省域平均值：51.69

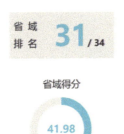

30·60目标现状（%）

▼ "30·60目标"指标得分

▼ "30·60目标"趋势和仪表盘

▼ 缺失值

2.12%

西藏 / 西南地区

▼ 总体表现

省域排名 **32** / 34

省域得分 **33.91**

省域平均值：51.69

30·60目标现状（%）

▼ "30·60目标"指标得分

▼ "30·60目标"趋势和仪表盘

▼ 缺失值

28.39%

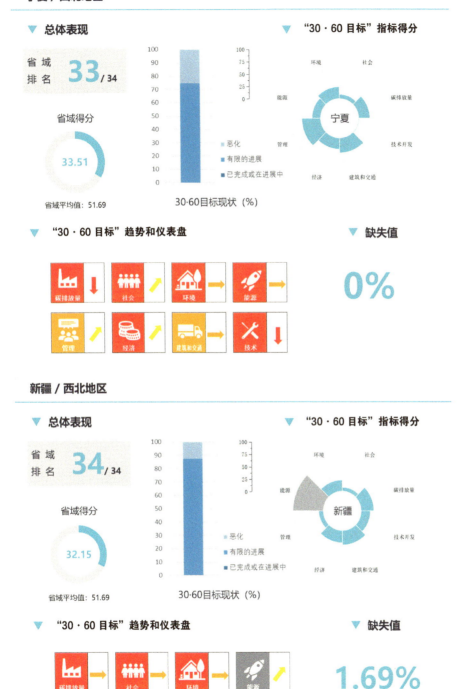

东北地区

▼ 总体表现

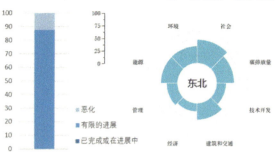

▼ "30·60目标" 趋势和仪表盘

▼ 缺失值

1.55%

京津地区

▼ 总体表现

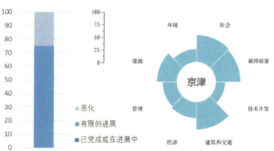

▼ "30·60目标" 趋势和仪表盘

▼ 缺失值

2.97%

116　可持续发展研究报告（2023）

北部沿海地区

▼ 总体表现　　　　　　　　　　　▼ "30·60目标"指标得分

▼ "30·60目标"趋势和仪表盘　　　▼ 缺失值

0%

东部沿海地区

▼ 总体表现　　　　　　　　　　　▼ "30·60目标"指标得分

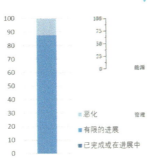

▼ "30·60目标"趋势和仪表盘　　　▼ 缺失值

2.40%

第一部分　中国篇　117

南部沿海地区

▼ 总体表现

区域得分 56.30

区域平均值：53.62

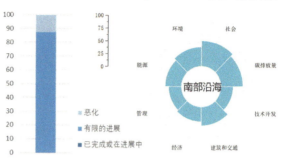

30·60目标现状（%）

▼ "30·60目标"指标得分

南部沿海

▼ "30·60目标"趋势和仪表盘

▼ 缺失值

0%

中部地区

▼ 总体表现

区域得分 51.59

区域平均值：53.62

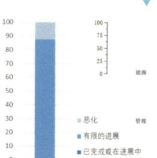

30·60目标现状（%）

▼ "30·60目标"指标得分

中部

▼ "30·60目标"趋势和仪表盘

▼ 缺失值

2.47%

西北地区

▼ 总体表现

区域得分 40.34
区域平均值：53.62

▼ "30·60目标"指标得分

30-60目标现状（%）

▼ "30·60目标"趋势和仪表盘

▼ 缺失值

0.64%

西南地区

▼ 总体表现

区域得分 50.95
区域平均值：53.62

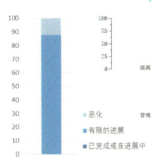

30-60目标现状（%）

▼ "30·60目标"指标得分

▼ "30·60目标"趋势和仪表盘

▼ 缺失值

6.36%

港澳台地区

▼ 总体表现

区域得分

59.35

区域平均值：53.62

30·60目标现状（%）

▼ "30·60目标"指标得分

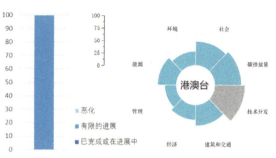

▼ "30·60目标"趋势和仪表盘

▼ 缺失值

26.69%

第7章 中国16个行业概况图

本章将介绍16个行业在"30·60目标"实施方面的表现，包括各行业排名、相对于平均水平所处的位置、指标的情况（处于恶化状态、进展有限以及已完成或在进展中的指标占比情况）、每个主体的4个一级指标（碳排放现状、目标和战略趋势、降碳行动、管理机制）的相对表现现状及趋势状况、数据缺失值状况。

按照所列"30·60"行业指标体系的计算结果来看，总体表现得分从高到低分别是建筑业（76.91），畜牧业（61.24），计算机、通信和其他电子设备制造业（61.10），非金属矿物制品业（56.93），化学原料和化学制品制造业（56.64），电力、热力生产和供应业（50.64），黑色金属冶炼和压延加工业（48.24），有色金属冶炼和压延加工业（47.68），煤炭开采和洗选业（47.40），汽车制造业（45.90），医药制造业（43.22），交通运输、仓储和邮政业（35.90），橡胶和塑料制品业（34.01），石油和天然气开采业（32.41），纺织业（30.47），食品制造业（23.90）。

从一级指标来看，碳排放现状指标表现较差的行业是电力、热力生产和供应业，黑色金属冶炼和压延加工业，石油和天然气开采业，汽车制造业，食品制造业，化学原料和化学制品制造业；目标和战略趋势指标表现较好的行业是建筑业，表现较差的行业是医药制造业和食品制造业；降碳行动指标表现较好的是煤炭开采和洗选业，非金属矿物制品业，橡胶和塑料制品业，计算机、通信和其他电子设备制造业，医药制造业和食品制造业，表现较差的行业是石油天然气开采业；管理机制指标表现较好的是煤炭开采和洗选业，电力、热力生产和供应业，黑色金属冶炼和压延加工业，非金属矿物制品业，有色金属冶炼和压延加工业，汽车制造业，计算机、通信和其他电子设备制造业，纺织业，食品制造业，化学原料和化学制品制造业。

在趋势方面步入正轨或保持将实现"30·60目标"的有计算机、通信和其他电子设备制造业的管理机制指标。

建筑业

▼ 总体表现

行业排名 **1** /16

行业得分 **76.91**

行业平均值: 47.04

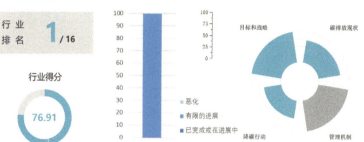

"30·60目标"现状（%）

"30·60目标"指标得分

▼ "30·60目标"趋势和仪表盘

▼ 缺失值

16.67%

畜牧业

▼ 总体表现

行业排名 **2** /16

行业得分 **61.24**

行业平均值: 47.04

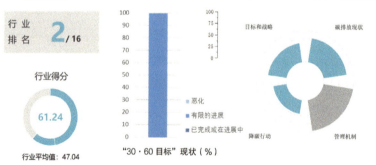

"30·60目标"现状（%）

"30·60目标"指标得分

▼ "30·60目标"趋势和仪表盘

▼ 缺失值

12.50%

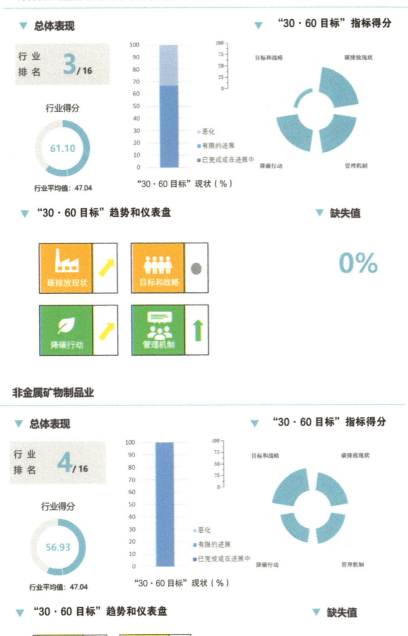

化学原料和化学制品制造业

▼ 总体表现

行业排名 **5** / 16

行业得分 **56.64**

行业平均值：47.04

"30·60目标"现状（%）

图例：恶化 / 有限的进展 / 已完成或在进展中

▼ "30·60目标"指标得分

目标和战略、碳排放现状、降碳行动、管理机制

▼ "30·60目标"趋势和仪表盘

- 碳排放现状 ↗
- 目标和战略 ●
- 降碳行动 ↗
- 管理机制 ↗

▼ 缺失值

0%

电力、热力生产和供应业

▼ 总体表现

行业排名 **6** / 16

行业得分 **50.64**

行业平均值：47.04

"30·60目标"现状（%）

图例：恶化 / 有限的进展 / 已完成或在进展中

▼ "30·60目标"指标得分

目标和战略、碳排放现状、降碳行动、管理机制

▼ "30·60目标"趋势和仪表盘

- 碳排放现状 ↗
- 目标和战略 ●
- 降碳行动 ↗
- 管理机制 →

▼ 缺失值

0%

黑色金属冶炼和压延加工业

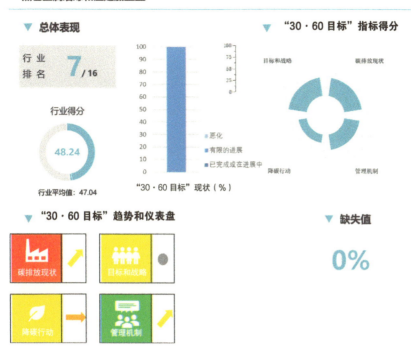

有色金属冶炼和压延加工业

煤炭开采和洗选业

▼ 总体表现

行业排名 **9**/16

行业得分 **47.40**

行业平均值：47.04

"30·60目标"现状（%）

图例：恶化 / 有限的进展 / 已完成或在进展中

▼ "30·60目标"指标得分

目标和战略、碳排放现状、降碳行动、管理机制

▼ "30·60目标"趋势和仪表盘

碳排放现状 ↗、目标和战略 ●、降碳行动 →、管理机制 →

▼ 缺失值

0%

汽车制造业

▼ 总体表现

行业排名 **10**/16

行业得分 **45.90**

行业平均值：47.04

"30·60目标"现状（%）

图例：恶化 / 有限的进展 / 已完成或在进展中

▼ "30·60目标"指标得分

目标和战略、碳排放现状、降碳行动、管理机制

▼ "30·60目标"趋势和仪表盘

碳排放现状 ↗、目标和战略 ●、降碳行动 ↗、管理机制 ↗

▼ 缺失值

0%

医药制造业

▼ 总体表现

行业排名 **11** / 16

行业得分 **43.22**

行业平均值: 47.04

"30·60目标"现状（%）

▼ "30·60目标"指标得分

▼ "30·60目标"趋势和仪表盘

▼ 缺失值

0%

交通运输、仓储和邮政业

▼ 总体表现

行业排名 **12** / 16

行业得分 **35.90**

行业平均值: 47.04

"30·60目标"现状（%）

▼ "30·60目标"指标得分

▼ "30·60目标"趋势和仪表盘

▼ 缺失值

12.50%

第一部分 中国篇

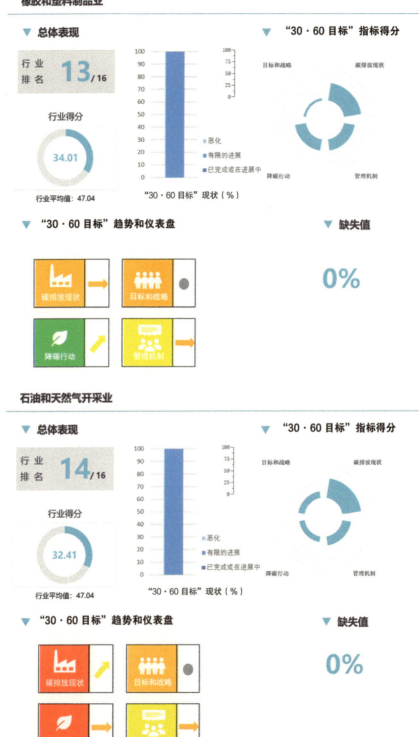

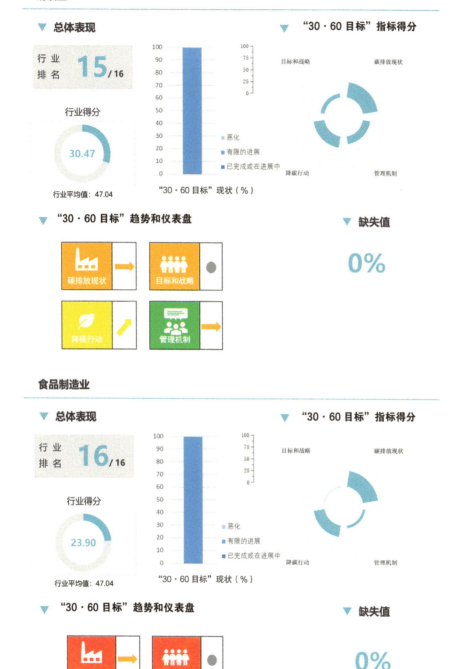

第一部分 中国篇

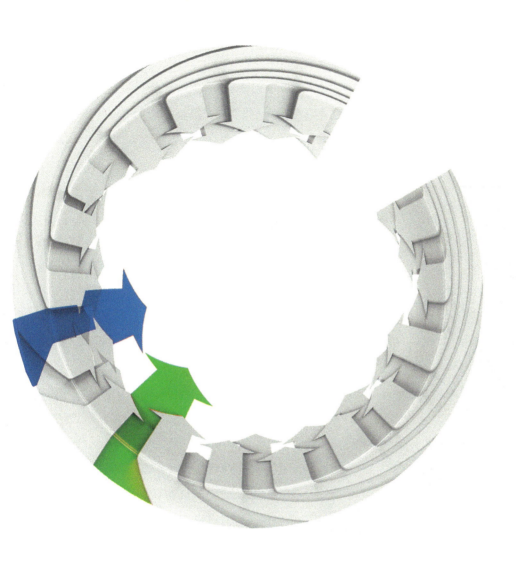

第二部分　中澳篇

"面对变局，群策群力、合作共赢是各方的正确选择。放眼世界，可持续发展是各方的最大利益契合点和最佳合作切入点。"

——习近平主席在第二十三届圣彼得堡国际经济论坛全会上的致辞

"可持续发展目标仍然是可以实现的，没有一个目标是我们无法实现的。"

—— *Sustainable Development Report 2023: Implementing the SDG Stimulus*

可持续发展不是某一地区、某一国家的发展路径，而是从系统整体的视角探索人与人、人与自然相互协调、共同发展的发展战略。

澳大利亚作为中国的全面战略合作伙伴，积极推进探索中澳可持续发展领域的合作，对推动全球可持续发展战略实施、维护中澳两国稳定和谐的发展关系具有重要的战略意义。鉴于中澳两国的政策差异（发展目标）、能力差异（发展情况）以及环境差异（发展条件），中澳两国在监测可持续发展进程方面具有异质性表现，因此如何确定评估中澳两国可持续发展能力的共同框架成为推动中澳两国可持续发展的重中之重。

中澳篇涵盖中澳两国共42个省级（州）行政区，旨在全面、客观地反映中澳两国在可持续发展领域的进展和形势，比较中澳两国在17项可持续发展目标方面的表现，探究中澳两国的差异和相似之处，并深入分析其背后的原因和影响，以期为推动中澳和全球可持续发展做出贡献。研究中所提出的评价方法和评估结论，希望能对中澳两国实施和评估可持续发展进程做出积极贡献，对于推动中澳两国国际合作高质量发展发挥更大作用。

第8章 中澳可持续发展研究意义

2015年,联合国可持续发展峰会成功举行,193个成员国共同签署《变革我们的世界:2030年可持续发展议程》(简称《2030议程》)。2030议程中的可持续发展目标(SDGs)接替21世纪初联合国确立的千年发展目标(millennium development goals),为未来15年世界各国发展和国际发展合作指明了方向,勾画了蓝图。《2030议程》涵盖了17项可持续发展目标和169个具体目标,旨在制定一套普遍适用于所有国家而又考虑到各国不同的国情、能力和发展水平,同时尊重国家政策和优先目标以平衡可持续发展的三大支柱(环境保护、社会发展和经济发展)[①],为全面认识和推进全球可持续发展指明了方向和路径。中澳两国都是全球重要的经济体和能源消费国,同时也是全球可持续发展的重要参与者。在全球可持续发展目标框架下,中澳两国均承诺实现17个可持续发展目标。

可持续发展能力的评价对于国家可持续发展战略的制定与实施具有重要作用。许多学者基于对可持续发展的内涵理解,从不同维度构建评价指标体系,综合不同研究方法和模型对可持续发展能力进行评价。尽管可持续发展研究已有许多成果,但仍然存在一些不足:区域可持续发展能力评价为探索实现区域可持续发展途径提供了重要的决策依据,以区域可持续发展能力为研究对象时,现有研究缺少国别之间的对比分析。其含义有两方面,第一,现有文献大多以单个区域为对象并提出发展建议,但研究对象的选择上难以兼顾"全面"和"效率",所得结论仅适用于满足条件的区域环境,并且国际层面的实证研究相对较少(张含朔等,2021)[②]。刘志成和刘晗(2020)对湖南省4个地级资源型城市的生态供需能力进行计算分析,同时引入生态可持续指数分析现阶段可持续程度,并对区域可持续发展能力进行定量评价[①]。袁亮等人(2023)对2015—2020年长江经济带可持续发展能力

---

① 胡祖铨.关于联合国可持续发展目标(SDGs)的研究[EB/OL].(2016-04-29)[2023-08-19]. http://www.sic.gov.cn.
② 张含朔,程钰,孙艺璇.面向SDGs的OECD成员国可持续发展水平测度及时空演变研究:1995-2017年[J].世界地理研究,2021,30(1):37-47.

维度发展水平和综合发展水平进行评价，探索长江经济带可持续发展的空间关联特征[2]。孔翔等人（2023）利用耦合协调度模型等分析上海市开发区可持续发展系统协同发展水平的格局演化及影响因素，为促进开发区可持续发展提供优化路径[3]。第二，对比分析法能将客观事物加以比较，以达到认识事物的本质和规律，并做出正确的评价，与单对象分析法相比较，对比分析法所得结果更具有可靠性和可视性。韩建南等人（2023）依据2021年湖北省地区生产总值排行，选取排名第一和排名最后的两个地区——武汉市与神农架林区为研究对象，从社会、经济、环境等方面探究可持续发展能力及潜力[4]。周艳等人（2023）在研究城市发展时，指出杭州可以对标深圳，通过从不同领域分析两座城市发展存在的差距，总结优秀经验做法，为杭州下一步发展提出可借鉴的路径[5]。

Australian Government's Reporting Platform 是澳大利亚政府关于可持续发展目标指标的报告平台，Australian Government's Reporting Platform on the SDGs Indicators 评估了联合国发布的17个可持续发展目标，并为每一个目标提供颜色代码，指示澳大利亚具体子目标数据集的可用性。其中，绿色和橙色表示可用性较高，分别适用于在线报告和探索数据源，红色和灰色的数据可以适当忽略。由于该数据不相关或分析方法未获得全球一致认可，因此，研究中将从该平台收集可持续发展目标实施情况的数据，着重引用绿色和橙色的数据源，对于不可避免且较为必要的红色和灰色数据使用替代数据进行分析。中国省份可持续发展数据资料来源为《中国统计年鉴》《中国人口统计年鉴》《中国科技统计年鉴》《中国城市建设统计年鉴》《中国卫生健康统计年鉴》《中国环境统计年鉴》《中国能源统计年鉴》《中国贸易外经统计年鉴》《中国文化文物和旅游统计年鉴》《中国劳动统计年鉴》，以及各省市统计年鉴、水资源公报、国民经济和社会发展统计公报、中国农村贫困监测报告以及相关官方网站公开资料等。

---

① 刘志成，刘晗.湖南省资源型城市可持续发展能力评价：基于生态足迹模型的视角[J].长沙理工大学学报（社会科学版），2020，35(3)：96-103.
② 袁亮，祁煜智，何伟军，等.新发展理念下长江经济带可持续发展能力评价及空间关联特征分析[J].长江流域资源与环境，2023，32(10)：1993-2005.
③ 孔翔，刘晓艺，李昶嵘，等.上海市开发区可持续发展系统的时空协同演化及影响因素研究[J].地理科学，2023，43(9)：1586-1597.
④ 韩建南，张静，张劲.基于熵值法的区域可持续发展指数对比分析：以武汉市和神农架林区为例[J].长江技术经济，2023，7(3)：53-62.
⑤ 周艳，胡晓炜，江永碧.对标深圳，实现杭州城市能级跃升：基于杭州与深圳的对比分析[J].浙江经济，2023(5)：35-37.

第9章 可持续发展能力评价方法

系统科学是以系统为研究对象的学科群，核心思想是系统的整体观念。每个系统都是有机的整体，各要素相互关联构成不可分割的整体。在可持续发展方面，以系统论的观点看待17项可持续发展目标，就是将其理解为一个整体系统，强调目标之间的相互联系以及不同主体之间的协作交流。澳大利亚联邦科学与工业研究组织（Commonwealth Scientific and Industrial Research Organisation，CSIRO）致力于研究可持续发展目标的系统变革方法，强调实现多个相互联系目标的协同推进。因此，中澳两国在系统科学指导下进行可持续发展合作具有重要意义。

9.1 可持续发展理论内涵

可持续发展理论的萌芽可追溯至20世纪60年代，当时西方国家正普遍处于经济快速增长、城市化加速推进、人口急剧膨胀的时期，与此同时也引发了资源短缺、环境污染、生态破坏等一系列问题。1962年美国生物学家Rachel Carson发表了环境科普著作《寂静的春天》，第一次唤起了人们对环境的关注[1]。如今，可持续发展理论从最初仅描述人与生态环境的关系，发展成为研究人类经济活动和社会活动各个方面的庞杂理论[2]。

可持续发展理论所关注的问题众多，基于不同角度的可持续发展理论也有所不同。例如，侧重于生态学可持续发展主要关注环境资源的合理利用以及生态平衡，侧重于经济学可持续发展主要关注经济结构的优化，侧重于社会学可持续发展则主要关注社会中的贫富差距、收入不均等问题。可持续发展理论的主旨是促进经济、社会和环境的和谐发展，维护好人类赖以生存的生态环境。传统的发展观聚焦于提

---

[1] Nikki S. Silent Spring[M]. Macat Library; Taylor and Francis: 2017-07-05.DOI:10.4324/9781912281237.
[2] Sachs J D, Lafortune G, Fuller G, et al.Implementing the SDG Stimulus.Sustainable Development Report 2023. Paris: SDSN, Dublin: Dublin University Press, 2023.10.25546/102924.

升经济总量、保障民众生活，其特点是大量消耗和开发自然资源，导致资源的过度消耗和环境污染。可持续发展的理论内涵可以由三个有机统一的元素度量，即以资源禀赋、自然条件和经济社会发展水平进行量化。

1987年，世界环境与发展委员会发表报告《我们共同的未来》，第一次系统性阐述了可持续发展的理念，将可持续发展定义为"既能够满足当代人的需要，又不对后代人满足其需要的能力造成危害的发展"[1]。尽管可持续发展的理念不断深入、意蕴逐渐丰富，但主要是指在经济、社会、环境方面都能接受的交集，找到共容共生、协调统一的发展方式，在发展经济、获取足够生活所需的资源和效益的前提下，尽可能保护环境，同时保证社会群体和个人尽可能公平地享受发展成果和环境福祉，以及构建可持续的社区模式和生活方式。

本书主要从"经济—社会—环境"耦合视角剖析可持续发展的内涵[2][3]，评估可持续发展的能力。首先，经济可持续发展的目标是通过实现经济增长、减少贫困、提高生活水平等方式，实现社会公正和环境保护的平衡。这不仅要求经济发展要有良好的财务状况和盈利能力，还要求经济活动要遵循市场规则和竞争机制，注重资源的有效配置和利用。此外，还需要注重技术创新和发展，以提高生产效率和降低能源消耗，从而实现经济的可持续发展。其次，社会维度是指在可持续发展中，社会公正、平等和社会经济发展的协调性得到了充分的考虑和重视。社会可持续发展需要关注教育、健康、性别平等、社会保障等方面的问题，同时也需要加强文化多样性和文化保护。最后，环境可持续发展是可持续发展的核心。环境方面的可持续发展要求实现环境的平衡发展，包括要保护生态环境和自然资源，防止生态破坏和环境污染，注重生态保护和恢复，提高生态系统的可持续性和稳定性。此外，还需要建立健全的生态文明理念和生态保护机制，从而实现经济、社会和环境的协调发展。

---

① 世界环境与发展委员会．我们共同的未来[M]．王之佳，等译．吉林人民出版社．1997．
② 秋辛．联合国环境与发展大会召开[J]．世界环境，1992(3):2．
③ Lu Y L, Nakicenovic N, Visbeck M, et al. Policy: Five priorities for the UN Sustainable Development Goals[J]. Nature, 2015, 520(7548): 432–433.

9.2 可持续发展评价指标体系

可持续发展指标（SDI）体系是评估可持续发展的重要工具。国际可持续发展指标体系及定量评价方法主要有：经济合作与发展组织（OECD）提出的"驱动力—状态—响应"（DSR）指标概念、联合国可持续发展委员会（UNCSD）的指标体系、联合国统计局（UNSTAT）的可持续发展指标体系框架（FISD）、国际环境问题科学委员会（SCOPE）的可持续发展指标体系、联合国开发计划署（UNDP）的人文发展指标（HDI）、世界银行的"新国家财富"指标体系等。本书选取的是经典的 UNCSD 指标体系，共分经济、社会、环境三个维度，区域可持续发展能力评价指标体系包含 17 个可持续发展目标（SDGs）、共 36 项三级指标，各指标属性如表 9-1 所示。

表 9-1 区域 SDG 评价体系

一级指标	二级指标	三级指标	指标属性	指标编码
经济	SDG8：体面工作和经济增长（DECENT WORK AND ECONOMIC GROWTH）	GDP 增长率	正	8-1
		失业率	负	8-2
		劳动生产率	正	8-3
	SDG9：产业、创新和基础设施（INDUSTRY INNOVATION AND INFRASTRUCTURE）	政府财政社区及住房支出	正	9-1
		R&D 经费投入占 GDP 比重	正	9-2
		制造业总营收额	正	9-3
	SDG11：可持续城市和社区（SUSTAINABLE CITIES AND COMMUNITIES）	单位建成区面积二、三产业增加值	正	11-1
		建成区面积增长率	正	11-2
		城市化水平	正	11-3
	SDG12：负责任消费和生产（RESPONSIBLE CONSUMPTION AND PRODUCTION）	生活垃圾无害化处理率	正	12-1
		人均能源消耗	负	12-2
社会	SDG1：无贫穷（NO POVERTY）	人均可支配收入	正	1-1
		基本公共服务财政支出	正	1-2

续表

一级指标	二级指标	三级指标	指标属性	指标编码
	SDG2：零饥饿（ZERO HUNGER）	第一产业就业人员比例	正	2-1
		农业生产总值指数	正	2-2
	SDG3：良好健康与福祉（GOOD HEALTH AND WELL-BEING）	因道路交通伤所致死亡率	负	3-1
		居民人均保健消费支出在总支出中所占份额	正	3-2
		每千人拥有卫生技术人员数	正	3-3
	SDG4：优质教育（QUALITY EDUCATION）	学龄前一年有组织学习参与率	正	4-1
		政府教育经费支出	正	4-2
		高等教育总人数	正	4-3
	SDG5：性别平等（GENDER EQUALITY）	女性员工比例	正	5-1
		女性受高等教育比例	正	5-2
	SDG10：减少不平等（REDUCED INEQUALITIES）	基尼系数	负	10-1
	SDG16：和平、正义与强大机构（PEACE, JUSTICE AND STRONG INSTITUTIONS）	公共安全（公检法）支出	正	16-1
	SDG17：促进目标实现的伙伴关系（PARTNERSHIPS FOR THE GOALS）	人均进出口额	正	16-2
环境	SDG6：清洁饮水和卫生设施（CLEAN WATER AND SANITATION）	人均综合用水量	正	6-1
		污水处理量	正	6-2
	SDG7：经济适用的清洁能源（AFFORDABLE AND CLEAN ENERGY）	人均可获得电量	正	7-1
		碳排放量	负	7-2
	SDG13：气候行动（CLIMATE ACTION）	$PM_{2.5}$ 浓度	负	13-1
		环境污染防治支出	正	13-2

续表

一级指标	二级指标	三级指标	指标属性	指标编码
	SDG14：水下生物（LIFE BELOW WATER）	渔业总产值	正	14-1
		水下生物捕捞量	负	14-2
	SDG15：陆地生物（LIFE ON LAND）	森林覆盖率	正	15-1
		森林火灾发生数量	负	15-2

各指标来源及计算方法如下：

1. GDP 增长率

数据来源：中国数据源于《中国统计年鉴》，澳大利亚数据来源于澳大利亚国家统计局。计算方法：（后一年 GDP - 前一年 GDP）/ 前一年 GDP。（备注：澳大利亚采用人均 GDP。）

2. 失业率

数据来源：中国数据源于《中国统计年鉴》，澳大利亚数据来源于澳大利亚国家统计局。计算方法：未就业人数 / 总人数。

3. 劳动生产率

数据来源：中国数据源于《中国统计年鉴》，澳大利亚数据来源于澳大利亚国家统计局。计算方法：地区生产总值 / 地区从业人员数。

4. 政府财政中社区及住房支出

数据来源：中国数据源于《中国财政年鉴》，澳大利亚数据来源于澳大利亚国家统计局。计算方法：政府财政支出中社区支出 + 住房保障支出。

5. R&D 经费投入占 GDP 比重

数据来源：中国数据源于《中国统计年鉴》《中国科技统计年鉴》，澳大利亚数据来源于澳大利亚国家统计局。计算方法：研究与试验发展（R&D）经费投入 / 该地区年度 GDP。（备注：澳大利亚为地区生产总值，记为 GSP。）

6. 制造业总营收额

数据来源：中国数据源于《中国工业统计年鉴》，澳大利亚数据来源于澳大利亚国家统计局。计算方法：该地区制造业当年销售收入总额。

7. 单位建设用地面积二、三产业增加值

数据来源：中国数据源于《中国统计年鉴》《中国城市建设统计年鉴》，澳大利亚数据来源于澳大利亚国家统计局。计算方法：该地区当年二、三产业增加值/该地区建设用地面积。

8. 建成区面积增长率

数据来源：中国数据源于《中国统计年鉴》《中国城市建设统计年鉴》，澳大利亚数据来源于澳大利亚国家统计局。计算方法：（后一年建成区面积－前一年建成区面积）/前一年建成区面积。

9. 城市化水平

数据来源：中国数据源于《中国统计年鉴》《中国城市建设统计年鉴》，澳大利亚数据来源于澳大利亚国家统计局。计算方法：建成区面积/地区总面积。

10. 生活垃圾无害化处理率

数据来源：中国数据源于《中国环境统计年鉴》，澳大利亚数据来源于澳大利亚国家统计局。计算方法：直接获得。（备注：澳大利亚采用垃圾再利用率。）

11. 人均能源消耗

数据来源：中国数据源于《中国能源统计年鉴》，澳大利亚数据来源于澳大利亚农业、渔业和林业部。计算方法：该地区能源消耗总量/该地区人口数。

12. 人均可支配收入

数据来源：中国数据源于《中国统计年鉴》，澳大利亚数据来源于澳大利亚国家统计局。计算方法：直接获得。

13. 基本公共服务财政支出

数据来源：中国数据源于《中国财政年鉴》，澳大利亚数据来源于澳大利亚国家统计局。计算方法：政府财政支出中医疗支出＋教育支出＋公共服务支出。

14. 第一产业就业人员比例

数据来源：中国数据源于《中国统计年鉴》，澳大利亚数据来源于澳大利亚国家统计局。计算方法：第一产业就业人数/总就业人数。

15. 农业生产总值指数

数据来源：中国数据源于《中国统计年鉴》《中国农业年鉴》，澳大利亚数据来源于澳大利亚国家统计局。计算方法：直接获得。

16. 因道路交通伤所致死亡率

数据来源：中国数据源于《中国法律年鉴》，澳大利亚数据来源于澳大利亚国家统计局。计算方法：车祸死亡人数/遭遇车祸总人数。

17. 居民人均保健消费支出在总支出中所占份额

数据来源：中国数据源于《中国统计年鉴》，澳大利亚数据来源于澳大利亚国家统计局。计算方法：居民医疗保健支出/居民总支出。

18. 每千人拥有卫生技术人员数

数据来源：中国数据源于《中国统计年鉴》《中国卫生年鉴》，澳大利亚数据来源于澳大利亚国家统计局。计算方法：卫生技术人员数/（该地区总人数/1000）。

19. 学龄前一年有组织学习参与率

数据来源：中国数据源于《中国教育统计年鉴》，澳大利亚数据来源于澳大利亚国家统计局。计算方法：直接获得。（备注：由于中国无直接数据，采用离园/在园替代。）

20. 政府教育经费支出

数据来源：中国数据源于《中国统计年鉴》《中国财政年鉴》，澳大利亚数据来源于澳大利亚国家统计局。计算方法：直接获得。

21. 高等教育总人数

数据来源：中国数据源于《中国统计年鉴》《中国教育年鉴》，澳大利亚数据来源于澳大利亚教育部。计算方法：本科生人数+研究生人数。

22. 女性员工比例

数据来源：中国数据源于《中国统计年鉴》《中国劳动统计年鉴》，澳大利亚数据来源于澳大利亚国家统计局。计算方法：女性就业人数/总就业人数。（备注：由于中国无直接数据，采用就业总人数*各地区女性比例估算该地区女性就业人数。）

23. 女性受高等教育比例

数据来源：中国数据源于《中国统计年鉴》《中国教育年鉴》，澳大利亚数据来源于澳大利亚教育部。计算方法：（女性本科生人数+女性研究生人数）/高等教育总人数。

24. 基尼系数

数据来源：中国数据参照《中国基尼系数计算及其变动趋势分析》（田为民）里基尼系数的计算方法整理获取，澳大利亚数据来源于澳大利亚国家统计局。计算方法：直接获得。

25. 公共安全（公检法）支出

数据来源：中国数据源于《中国统计年鉴》《中国财政年鉴》，澳大利亚数据来源于澳大利亚国家统计局。计算方法：直接获得。（备注：澳大利亚为公安（警察）支出＋法律支出。）

26. 人均进出口额

数据来源：中国数据源于《中国统计年鉴》《中国贸易外经统计年鉴》，澳大利亚数据来源于澳大利亚国家统计局。计算方法：地区进出口总额／该地区人数。

27. 人均综合用水量

数据来源：中国数据源于《中国环境统计年鉴》，澳大利亚数据来源于澳大利亚国家统计局。计算方法：直接获得。

28. 污水处理量

数据来源：中国数据源于《中国环境统计年鉴》，澳大利亚数据来源于澳大利亚国家统计局。计算方法：直接获得。

29. 人均可获得电量

数据来源：中国数据源于《中国统计年鉴》《中国能源统计年鉴》，澳大利亚数据来源于澳大利亚国家统计局及澳大利亚农业、渔业和林业部。计算方法：地区供电量／地区总人数。

30. 碳排放量

数据来源：中国数据源于《中国环境统计年鉴》，澳大利亚数据来源于澳大利亚国家统计局。计算方法：直接获得。

31. $PM_{2.5}$ 浓度

数据来源：中国数据源于大气成分分析组（Atmospheric Composition Analysis Group）[①]，澳大利亚数据来源于澳大利亚国家统计局。计算方法：直接获得。

---

① https：//sites.wustl.edu/acag/datasets/surface-pm2-5/.

32. 环境污染防治支出

数据来源：中国数据源于《中国统计年鉴》《中国财政年鉴》，澳大利亚数据来源于澳大利亚国家统计局。计算方法：直接获得。

33. 渔业总产值

数据来源：中国数据源于《中国渔业统计年鉴》，澳大利亚数据来源于澳大利亚农业、渔业和林业部。计算方法：淡水捕捞量＋海洋捕捞量。

34. 水下生物捕捞量

数据来源：中国数据源于《中国渔业统计年鉴》，澳大利亚数据来源于澳大利亚农业、渔业和林业部。计算方法：淡水捕捞量＋海洋捕捞量。

35. 森林覆盖率

数据来源：中国数据源于《中国渔业统计年鉴》，澳大利亚数据来源于全球森林观察数据库（Global Forest Watch）[1]。计算方法：森林覆盖率（％）＝（森林面积／土地总面积）×100％

36. 森林火灾发生数量

数据来源：中国数据源于《中国环境统计年鉴》，澳大利亚数据来源于全球森林观察数据库（Global Forest Watch）。计算方法：直接获得。

9.3 可持续发展能力评价系统

在研究过程中，兼顾了地区可持续发展现状和可持续发展未来趋势，对所有可持续发展目标进行达成度评估和目标趋势评估，以反映各个指标的执行进展、取得的成效，并对该地区能否顺利完成《2030议程》做出评估和判断。前者以该地区在当年度的可持续发展目标达成度为基准，以2030议程目标值为方向，计算当年度的可持续发展目标达成度对于实现《2030议程》的贡献；后者以2015—2021年平均增长率估算其发展到2030年的预测值，判断该指标能否达到目标值。由于预测是基于过去几年的增长率，一个国家在过去一年的表现可能有所下降（例如受COVID-19的影响），但仍被视为处于正轨。因此，方法强调自2015年通过可持续发展目标以来发生的长期结构性变化，而不是关注可能是暂时或周期性的年度

---

[1] https://www.globalforestwatch.org/.

变化，该思想与 *Sustainable Development Report 2023: Implementing the SDG Stimulus* 是一致的。

9.3.1 行政区域划分

行政区划是国家为便于行政管理而分级划分的区域，亦称行政区域。中华人民共和国的行政区划由 34 个省级行政区、333 个地级行政区、2 843 个县级行政区、38 602 个乡级行政区组成。为科学反映中国不同区域的社会经济发展状况，国家统计局将经济区域划分为东部、中部、西部和东北四大地区。根据澳大利亚国家统计局数据，澳大利亚本土由 6 个州及两个领地组成，分别为新南威尔士州、维多利亚州、昆士兰州、南澳大利亚州、西澳大利亚州和塔斯马尼亚州、首都堪培拉和北领地。为与中国形成对比，依据地理位置情况，将澳大利亚的区域划分为东部、中部、西部和东北四大地区。见表 9-2。

表 9-2　中澳区域划分及地区名单

区域	中国	澳大利亚
东部地区	北京、天津、河北、上海、江苏、浙江、福建、山东、广东、海南、香港、澳门、台湾	新南威尔士州、维多利亚州、塔斯马尼亚州、首都堪培拉
东北地区	辽宁、吉林、黑龙江	昆士兰州
中部地区	山西、安徽、江西、河南、湖北、湖南	南澳大利亚州、北领地
西部地区	内蒙古、广西、重庆、四川、贵州、云南、西藏、陕西、甘肃、青海、宁夏、新疆	西澳大利亚州

9.3.2 数据处理及计算方法

评估指标包含正向指标和负向指标，为刻画某地区在比较区域的相对位置，对原始数据采用二八原则进行标准化处理。通用公式为原始值与基准值的距离比上目标值与基准值的距离。其中，基准值是指各个指标评估起点的水平和程度，以各个指标在所有区域中的最差值表示；目标值是指各个指标在未来应达到的水平和程度，以正向指标的 80% 位数和负向指标的 20% 位数表示。目标值代表一定区间，既避免了极端值的影响，同时更加体现可持续发展的"一个不落下"的原则。具体测算方法为：$x' = \frac{x - x_{\text{worst}}}{x_{\text{best}} - x_{\text{worst}}}$，$x$ 为原始数值，x_{worst} 表示基准值，即当年度所有区域表现最差的数值，在正向指标中，$x_{\text{worst}} = \min x$，在负向指标中，$x_{\text{worst}} = \max x$。$x_{\text{best}}$ 表示目标值，即当年度所有区域表现最好的数值，采用所有区域中80%/20%对应数值作为2030年目标值。

沿用 *Sustainable Development Report 2023: Implementing the SDG Stimulus* 的权重原则，认为每个可持续发展目标具有相同的地位和重要性，以反映决策者平等对待所有可持续发展目标的承诺，同时，这意味着国家需要同等关注和重视每个可持续发展目标，以实现全面可持续发展。为避免标准化值中0和1对区域可持续发展情况评估的影响，参考《中国可持续发展评价报告（2022）》中分数测算方法对标准化值进行处理，记可持续发展能力评分区间为[45，95]，计算公式为 $x'' = x' * 50 + 45$，得到各区域可持续发展目标的达成度评分和目标趋势评分。使用各区域三级指标的算术平均值作为二级指标的结果，同理计算得到一级指标的结果。

对于数据缺失，常用处理方法有三大类，即删除、插补和不处理，为保证评估完整性和客观性，对于缺失数据均进行插补处理[①]。参考 *Sustainable Development Report 2023: Implementing the SDG Stimulus*，对单个缺失数据进行线性插补，计算公式为 $\hat{x} = x_0 + \frac{x_1 - x_0}{\text{year}_1 - \text{year}_0}$。其中，$\hat{x}$ 为缺失数据的插补值，year_0 为起始年份，year_1 为终止年份，x_0 为起始年份对应的数据值，x_1 为终止年份对应的数据值。为便于线性插补，在计算中将年份2015—2021设定为1~7。对于区域整个指标数据缺失的情况，无法做到较为科学的插补，拟采用该区域所在地区平均值进行替代。如中国西藏地区能源类指标缺失，则使用中国西部地区12个省份该项指标的平均值进行替代。

9.3.3 可持续发展能力可视化

可持续发展综合能力包括体现区域可持续发展现状的达成度和反映区域可持续发展速率的目标趋势。为了可视化区域可持续发展目标的达成度，使用SDGs达成度标识（如表9-3所示）来表示达成度的等级。

---

① 邓建新，单路宝，贺德强，等. 缺失数据的处理方法及其发展趋势 [J]. 统计与决策，2019，35(23)：28-34.

表9-3　SDGs达成度标识

标识					
指标特性	重大挑战	挑战维持	适当调整	进展顺利	全部达成
条件	实际进度小于区域基准值	实际进度小于0.5	实际进度大于或等于0.5	实际进度大于中澳两国平均水平	实际进度等于1
象征意义	该区域可持续发展进程受到严重制约，可持续发展目标达成度低于应有水平	该区域可持续发展进程不到半程，难以按期实现2030议程	该区域在最坏情况下做最好打算，可能实现2030议程	该区域正按计划速率执行，可能实现2030议程	该区域在2021年可持续发展目标达成度为1

为了估计指标层面的目标趋势，可以先计算到2030年实现目标所需的线性年均增长率（目标速率），并将其与自2015年以来的年均增长率进行比较（历史速率），使用SDGs目标趋势标识（如表9-4所示）描述该地区在实现某一指标方面的未来发展情况。区域的可持续发展目标趋势评分为该目标趋势指标的算术平均值（四舍五入取整）。

此外，基于不同的资源禀赋、自然条件和经济社会发展水平，考虑中澳两国可持续发展能力的空间属性，采用变异系数测算全部区域在各个可持续发展目标达成度的空间均衡性[①]，计算公式为 $=\dfrac{\sqrt{\sum(区域达成度-平均达成度)^2/区域数量}}{平均达成度}$。

---

① 联合国开发计划署，中国科学院. 中国城市SDG进展评估报告(2020)[EB/OL]. 2020. [2023-12-10].https://www.undp.org/zh/china/publications/zhongguochengshisdgjinzhanpinggubaogao-2020.

表 9-4 SDGs 目标趋势标识

标识	↓	→	↗	↑	○
缩放值	0	1	2	3	4
指标含义	可持续发展进程倒退	实现期限未知	延期实现	延期实现	按期实现
条件	历史速率低于0，2030年预计达成度低于2021年实际进度	截止至2060年的达成度仍小于1	2060年预计达成度为1（2060年以前达成度小于1）	2045年预计达成度为1（2045年以前达成度小于1）	2030年预计达成度为1
象征意义	该区域的可持续发展向着错误的方向进行或停滞不前	该区域的可持续发展较为缓慢，仍需提升	该区域预计在2060年全部达成	该区域的可持续发展有所成就，继续保持该速率预计可在2045年全部达成	该区域预计能够实现2030议程[①]

[①] 该预测值以 2015—2021 年均变化率计算获得，假设区域在 2021 年后仍能以历史速率发展，因此该条件代表区域以维持现状的打算规划未来发展的最低达成度。

第 10 章　中澳可持续发展概况

2015年,联合国成员国就可持续发展达成共识,共同发布《变革我们的世界——2030年全球可持续发展议程》,涵盖人、地球、繁荣、和平和合作伙伴等内容,提出旨在消除贫困、保护地球、确保所有人共享繁荣的17项全球性可持续发展目标(SDGs),标志着人类社会必将进入一个共同推进可持续发展战略目标实现的新境界。本章将对比分析澳大利亚和中国可持续发展政策及行动典型案例,并体现行动目标之间以及行动主体之间的关联性,进而说明中澳可持续发展合作共建的可行性和必要性。

10.1　可持续发展实施背景

10.1.1　中国可持续发展政策及举措

中国是世界上最大的发展中国家,由于中国人口数量众多、人均资源相对不足、总体经济技术发展相对落后,在可持续发展的道路上探索了具有中国特色的可持续发展观。中国政府高度重视落实2030议程,秉持以人民为中心的发展思想,坚持贯彻创新、协调、绿色、开放、共享的新发展理念,积极构建新发展格局,并不断推动经济社会发展,为全球可持续发展目标的实现贡献了宝贵的智慧。

2016年4月,中国发布了《落实2030年可持续发展议程中方立场文件》。随后,在9月份,中国发布了《中国落实2030年可持续发展议程国别方案》。七年多来,中国将落实2030议程与执行"十三五"规划、"十四五"规划和2035年远景目标纲要等中长期发展战略进行有机结合,并成立了由45家政府机构组成的跨部门协调机制,以推动多个可持续发展目标的积极进展。

中国于2017年连续发布了三期《中国落实2030年可持续发展议程进展报告》,并两次参加了落实2030议程国别自愿陈述,与其他国家分享了落实经验,为其他发展中国家的议程实施提供了协助,以助力全球早日实现可持续发展目标。在第七十六届联合国大会上,习近平主席提出全球发展倡议,希望各国共同努力,加快落实 2030 议程，构建全球发展命运共同体，"大家一起发展才是真发展，可持续发展才是好发展"。中国为推动落实可持续发展战略投入了大量的实践。通过提高科技创新能力、优化创新效率、实施人才创新战略推动中国创新发展，致力于实施"碳达峰""碳中和"战略、建设环境友好型社会，推动中国绿色发展；通过区域协调策略、城乡协调策略，推动中国协调发展（如表 10-1 所示）。

表 10-1　中国可持续发展政策及举措

日　期	举　措
2015 年 9 月	习近平主席出席联合国可持续发展峰会并发表《携手构建合作共赢新伙伴同心打造人类命运共同体》的讲话，提出"构建以合作共赢为核心的新型国际关系，打造人类命运共同体"
2016 年 4 月	中国发布《落实 2030 年可持续发展议程中方立场文件》，提出消除贫困和饥饿、保持经济增长、推动工业化进程、完善社会保障和服务、维护公平正义等领域实施路径的一系列建议
2016 年 9 月	国务院总理李克强在联合国总部主持"可持续发展目标：共同努力改造我们的世界——中国主张"座谈会并发表重要讲话，向国际社会再次表明中国落实 2030 议程的战略和决心
2016 年 10 月	中国外交部网站发布《中国落实 2030 年可持续发展议程国别方案》，提出分步骤、分阶段部署推进落实 2030 议程
2016 年 12 月	国务院印发《中国落实 2030 年可持续发展议程创新示范区建设方案》
2017 年 10 月	党的十九大提出"坚持人与自然和谐共生。建设生态文明是中华民族永续发展的千年大计。必须树立和践行绿水青山就是金山银山的理念，坚持节约资源和保护环境的基本国策，像对待生命一样对待生态环境，统筹山水林田湖草系统治理，实行最严格的生态环境保护制度，形成绿色发展方式和生活方式，坚定走生产发展、生活富裕、生态良好的文明发展道路，建设美丽中国，为人民创造良好生产生活环境，为全球生态安全作出贡献。"
2018 年 3 月	科技部副部长徐南平宣布国务院正式批复同意太原市、桂林市、深圳市为首批示范区，明确了各自的技术路线，提升促进社会经济协调发展的能力，探索科技创新与社会发展融合的新机制，通过经验分享，不仅对其他地区形成辐射带动作用，还要向世界提供可持续发展中国方案
2019 年 9 月	外交部牵头编写的《中国落实 2030 年可持续发展议程进展报告（2019）》正式发布，从框架到内容与可持续发展国家报告不同，主要是对每个可持续发展指标的落实进展进行分析，并附有若干案例

续表

日　期	举　措
2020 年 7 月	生态环境部与北京市人民政府联合主办主题为"绿色低碳全面小康"的中国低碳日线上主场活动
2020 年 12 月	中国能源工作会议在京召开，会议系统总结"十三五"以来贯彻落实能源安全新战略的工作成绩，分析把握"十四五"能源发展的新任务新要求，研究谋划当前和今后一个时期推动能源高质量发展的思路举措
2021 年 6 月	北京国际会议中心举办"2021 中国绿色氢能发展大会"
2021 年 9 月	以"以人为中心的可持续发展"为主题的第二届可持续发展论坛在北京举行，来自 31 个国家和地区、26 个国际组织的近 500 名嘉宾通过线上线下方式参与，共商全球可持续发展大计、共谋人类可持续发展未来
2021 年 10 月	国务院总理李克强主持召开国家能源委员会，会议强调保障能源稳定供应和安全，增强绿色发展支撑能力
2022 年 6 月	习近平主席主持全球发展高层对话会并发表重要讲话，各国领导人围绕"构建新时代全球发展伙伴关系，携手落实 2030 年可持续发展议程"的主题，就加强国际发展合作、加快落实联合国《2030 议程》等重大问题深入交换意见
2023 年 2 月	生态环境部发布关于印发《环境基准工作方案（2023—2025 年）》的通知。该方案提出的主要目标为夯实环境基准工作基础，有序推进地表水、海洋、大气、土壤等领域的基准研究，力争在关键技术和方法上有所突破，形成一批技术指南、基准文件和模型计算软件等成果，初步建立国家环境基准数据库。培养若干专业科研团队，加大科普宣传力度，营造全社会支持参与环境基准工作的良好氛围
2023 年 3 月	十四届中国人大一次会议表决通过了关于政府工作报告的决议。在当年发展主要预期目标方面报告提出，单位国内生产总值能耗和主要污染物排放量继续下降，重点控制化石能源消费，生态环境质量稳定改善
2023 年 3 月	国家发展和改革委发布《绿色产业指导目录（2023 年版）》（征求意见稿）（以下简称"目录"）。目录是 2019 年版的重新修订，分为节能降碳产业、环境保护产业、资源循环利用产业、清洁能源产业、生态保护修复和利用、基础设施绿色升级及绿色服务 7 大类别。在氢能领域，氢能"制储输用"全链条装备制造及氢能基础设施建设和运营被划分至清洁能源产业类别内
2023 年 3 月	为贯彻落实《"十四五"工业绿色发展规划》和《工业领域碳达峰实施方案》，持续完善绿色制造体系，经申报单位自评价、第三方机构评价、省级工业和信息化主管部门评估确认及专家论证、公示等程序，确定了 2022 年度绿色制造名单。其中包括绿色工厂 874 家、绿色设计产品 643 个、绿色工业园区 47 家、绿色供应链管理企业 112 家

续表

日 期	举 措
2023 年 5 月	国资委印发《中央企业债券发行管理办法》，该《管理办法》明确指出，中央企业应当积极利用债券市场注册制改革、债券市场基础设施互联互通、债券品种创新等资本市场重大改革举措，通过发行科技创新债券、碳达峰碳中和债券、乡村振兴债券、资产支持证券等创新品种，有效服务国家重大战略

10.1.2 澳大利亚可持续发展政策及举措

澳大利亚地处南半球，四面环海，是世界上唯一独占一个大陆的国家。早在 5 000 万年以前，澳大利亚大陆就同其他大陆分离，四周的大洋阻碍了它同其他大陆的联系，形成了其独特的生态地理环境。澳大利亚在其发展过程中，曾经受逐利动机的支配发生过若干次生态危机，出现过外种入侵、过度使用资源等严重的环境问题。对此，澳大利亚政府在 20 世纪 70 年代后即将生态环境保护和建设提高到国家意识的层面[①]。推动可持续发展议程是澳大利亚作为一个负责任的国家的具体表现。澳大利亚意识到全球气候变化和环境等问题的重要性，积极参与国际合作。

澳大利亚区域研究所指出：一个可持续发展的澳大利亚是一个拥有可持续社区的国家，拥有服务、工作和教育机会、负担得起的住房、便利设施和自然环境，使其成为人们想要工作、生活和建设未来的地方。1972 年，澳大利亚成为第一个签署《人类环境宣言》的国家之一，该宣言倡导可持续发展和环境保护；1992 年，澳大利亚参加了在巴西里约热内卢召开的联合国环境与发展大会（Earth Summit），并签署了《里约宣言》和《21 世纪议程》，这些文件强调了可持续发展的重要性，并提出了相关的政策框架；2015 年，澳大利亚签署《可持续发展议程》；2016 年，澳大利亚政府正式批准关于气候变化的《巴黎协定》；2022 年，澳大利亚通过一项重大的气候变化法案，将净零排放目标写入法律。对澳大利亚来说，《2030 议程》既是国内议程，也是国际议程，它与澳大利亚的利益非常一致，特别是在促进地区稳定、安全和经济繁荣方面。

---

① 光明日报.澳大利亚这样培养国民的生态意识[EB/OL].(2020-04-02)[2023-12-10]. https://news.gmw.cn/2020-04/02/content_33707166.htm.

自 2018 年以来，澳大利亚开展可持续发展议程自愿国家审查工作，这突出了澳大利亚在国内和国际上推进 2030 议程的成就、优先事项和挑战（如表 10-2 所示）。

表 10-2　澳大利亚可持续发展政策及举措

日　期	举　措
2015 年 9 月	澳大利亚与 192 个联合国会员国，承诺实施《2030 议程》及其 17 个可持续发展目标（SDGs）
2016 年 4 月	澳大利亚是联合国水资源高级别小组的 11 个国家成员之一
2016 年 9 月	举办首届澳大利亚可持续发展目标峰会，首个高级别多方利益相关者论坛，以推动国家实施可持续发展目标
2016 年 10 月	可持续发展目标中国青年峰会在墨尔本举行
2017 年 7 月	澳大利亚驻联合国大使宣布澳大利亚将在联合国高级别政治论坛上首次完成其关于可持续发展目标的自愿性国家审查
2017 年 11 月	第二届可持续发展解决方案多方利益相关者可持续发展目标高级别峰会在悉尼举行
2017 年 11 月	澳大利亚卫生部开展在线利益相关者参与进程调查，为澳大利亚自愿国民登记提供意见
2017 年 12 月	澳大利亚参议院将"联合国发展集团"问题提交给外交、国防和贸易部（DFAT）参考委员会进行调查
2018 年 1 月	澳大利亚卫生部结束在线 VNR 利益相关者参与进程
2018 年 3 月	第三次多方利益相关者可持续发展目标峰会在墨尔本举行，澳大利亚向联合国可持续发展目标议会调查小组提交的公众意见书
2018 年 3 月	联合国水问题高级别小组的任务随其成果文件的发布而结束
2018 年 6 月	澳大利亚发布首份自愿审查报告
2018 年 7 月	澳大利亚向纽约可持续发展问题高级别论坛提交关于可持续发展目标进展情况的自愿审查报告
2018 年 11 月	外交和贸易部关于"联合国可持续发展目标"调查报告发布

续表

日期	举措
2019年3月	澳大利亚政府宣布《气候变化解决方案》和由一系列计划、路线图、特别声明和措施办法构成的《澳大利亚气候变化战略》，逐步推进气候方面可持续发展
2019年6月	澳大利亚环境和能源部副部长费恩·普拉特在2019年中国环境与发展国际合作委员会年会上的致辞，为环境、能源可持续发展提出经验与建议
2020年5月	澳大利亚制定了《技术投资路线图》，指导澳大利亚和其面向全球市场的低碳产业技术投资，推动可持续发展进程
2021年4月	澳大利亚莫里森总理在领导人气候峰会上发表讲话，称2030议程实现之时，人均排放量将减少近一半，单位GDP排放量将减少70%
2022年6月	澳大利亚新政府正式签署了联合国《巴黎协定》（Paris Agreement）下的最新气候承诺，即到2030年，将碳排放量在2005年的水平上降低43%。这也是自2016年最初承诺以来首次设定的新目标
2022年10月	澳大利亚国际能源展在澳大利亚墨尔本最现代化的会议展览中心举行，展会得到澳大利亚维多利亚州州政府的大力支持，由澳大利亚能源展览公司主办
2022年10月	澳大利亚和新加坡宣布签署《新加坡—澳大利亚绿色经济协议》（GEA）。该协议结合了贸易、经济和环境目标，通过促进绿色产品的双边贸易，以及新兴增长部门之间的广泛合作，推动建立贸易和环境可持续性的共同规则和标准，从而使两国共同向零碳经济过渡

自2015年以来，中澳两国均为实施《2030议程》及其17个可持续发展目标（SDGs）而不断探索，由于中澳两国国情的不同，在相关政策举措方面仍存在较大差异。澳大利亚作为发达国家，拥有广泛的国际合作伙伴关系，在国际范围内的可持续发展推进过程中表现斐然；同时由于其国内人口及城市数量少，国内推行可持续发展举措难度低，国内各级政府之间联动性较差，其重点关注仍是国际范围的可持续发展。而中国作为世界上最大的发展中国家，其人口及城市数量庞大，国内的可持续发展始终是中国关注的重点，在近几年中国可持续发展举措中可以发现，中国各级政府、部门之间关联性较强，均在国家大政方针下积极合作，共同推进可持续发展；相较于澳大利亚，中国可持续发展国际合作较少，其关注重点仍是国内系统的运作。

10.2 中澳可持续发展的共同行动

10.2.1 中国可持续发展行动

中国可持续发展行动是指在经济增长的同时，有效保护环境、提高资源利用效率和促进社会进步的行动。中国政府通过一系列政策和措施，取得了显著的成就，并为未来的可持续发展奠定了良好基础。同时，中国也在不断探索和创新，以应对新的可持续发展挑战。

1. 中国脱贫攻坚

在《2030 议程》中，"无贫穷"被列为第 1 项可持续发展目标。世界各国，特别是贫困国家，都在积极探索如何全面实现这些"无贫穷"的目标，而中国的扶贫方式则成为其中一个典型范例。根据《人类减贫的中国实践》白皮书可知，中国是拥有 14 亿人口、世界上最大的发展中国家，基础差、底子薄，发展不平衡，长期饱受贫困问题困扰。中国的贫困规模之大、贫困分布之广、贫困程度之深世所罕见，贫困治理难度超乎想象。党的十八大以来，中国发展进入新时代，全面建成小康社会、实现第一个百年奋斗目标进入关键阶段。经济社会快速发展，综合国力明显增强，社会保障体系更加健全，国家治理体系和治理能力现代化加快推进，为减贫事业发展奠定了坚实的人力、财力、物力基础，提供了有力制度支撑。

贫穷是一个涉及教育、卫生、生活条件等多个方面的多维问题，不仅仅是简单的收入不足。这个目标包括消除极端贫困、减少贫困人口、建立适应各国国情的社会保障制度和措施、确保男女平等获得经济资源的权利等 7 个子目标。在党的领导下，国家、地方以及每一位人民群众通力合作，经过 8 年持续奋斗，到 2020 年底，中国如期完成新时代脱贫攻坚目标任务，现行标准下 9 899 万农村贫困人口全部脱贫，如图 10-1 所示，区域性整体贫困得到解决，完成消除绝对贫困的艰巨任务，同时如图 10-2 所示的 12 项可持续发展目标也得以进一步实现。

2. 中国城乡建设绿色发展

中国提出《关于推动城乡建设绿色发展的意见》，进一步促进图 10-3 所示的 14 项可持续发展目标实现。中国《关于推动城乡建设绿色发展的意见》工作原则是坚持整体与局部相协调，统筹规划、建设、管理三大环节，统筹城镇和乡村建设。坚持效率与均衡并重，促进城乡资源能源节约集约利用，实现人口、经济发展与生

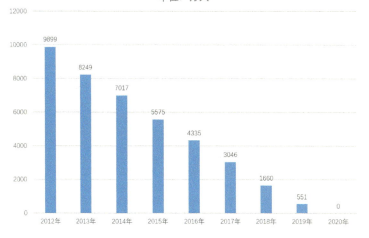

图 10-1 2012 年至 2020 年中国年度贫困人口

图 10-2 中国脱贫攻坚可持续发展目标实现

态资源协调。坚持公平与包容相融合，完善城乡基础设施，推进基本公共服务均等化。坚持保护与发展相统一，传承中华优秀传统文化，推动创造性转化、创新性发展。坚持党建引领与群众共建共治共享相结合，完善群众参与机制，共同创造美好环境。

在实践当中，合肥异军突起，成为助推中国可持续创新发展的一座"黑马城市"，其地区生产总值从 2011 年的 3 624.3 亿元一路跃升至 2021 年的 1.14 万亿元，经济增速可与深圳相媲美。合肥市的崛起，离不开历届政府坚持可持续发展"一张蓝图绘到底"的行动方针，并始终坚持各界合作发展。合肥市政府不断

图 10-3 中国城乡建设绿色发展可持续发展目标实现

推动体制机制改革，释放市场创新活力，促进了合肥产业结构的持续优化升级与先进制造业发展。2021年，合肥市战略性新兴产业产值占全市工业54.9%，产值增长28.3%。其中，新能源汽车产业、节能环保产业以及光伏产业更是成为合肥发展绿色制造业、探索城市低碳转型与可持续发展的典型代表产业。

3. 中国城乡绿化工作

中国在绿化实践中不仅注重城市层面，同样关注乡村草原林地。在城市绿化中，中国各级政府切实落实《国务院办公厅关于科学绿化的指导意见》要求。2021年，中国城市建成区绿地面积达到230余万公顷，较2012年前增加近50%，切实改善了城市生态环境，提升了城市宜居品质。持续加强城市公园建设，建成城市公园约1.8万个，百姓身边的社区公园、口袋公园、小微绿地数量不断增加，同时在老旧小区改造中，提高居住社区内宅间绿地环境质量，人均公园绿地面积达到14.8平方米，公园内逐步完善休闲游憩、运动健身、文化科普、儿童游戏等设施，满足不同人群的游园需求。

在乡镇、农村，政府和居民认真贯彻《国务院办公厅关于科学绿化的指导意见》《国务院办公厅关于加强草原保护修复的若干意见》。党的十八大以来，中国累计造林 9.6 亿亩、森林抚育 12.4 亿亩，森林覆盖率提高至 24.02%，为全球贡献了约 1/4 的新增绿化面积，成为全球森林资源增长最快最多的国家；中国人工林保存面积达 13.14 亿亩，居世界首位。同时，中国实施退牧还草等草原生态修复工程，完成草种改良生态修复 5.14 亿亩。推行禁牧、休牧、轮牧，实行草畜平衡及生态补奖政策，广袤草原"带薪休假"，很多草原严重退化地区复绿增绿、水草丰茂。总之，在城乡各级政府、社区和所有人民群众的努力下，如图 10-4 所示的 7 项可持续发展目标得以进一步实现。

图 10-4　中国城乡绿化工作可持续发展目标实现

10.2.2　澳大利亚可持续发展行动

在可持续发展目标驱动下，澳大利亚政府在改善残疾人生活、向可持续和弹性社会转型和城市绿化等方面开展行动，从国家战略的高度推动澳大利亚可持续发展。

1. 澳大利亚国家残疾人战略

相较于中国脱贫攻坚工作，澳大利亚没有官方的贫困衡量标准，也没有客观的、有针对性的贫困或经济压力指标。在消除贫困方面，澳大利亚致力于为所有公民提供平等的机会和充分获得经济、社会和文化机会。政府消除贫困的工作重点是建立个人和社区的复原力，为弱势群体提供适当的社会保障系统，为人们提供充分学习工作机会，其中最为突出的成果便是澳大利亚国家残疾人战略（Australia's National Disability Strategy）。根据澳大利亚全国残疾人和照顾者理事会（National People with Disabilities and Carer Council）发布的报告[①]可知：患有残疾或慢性疾病的澳大利亚人就业的可能性较低，更有可能依赖收入补助，也更有可能生活贫困，照顾他们的人也是如此。贫困既可能是心理健康状况不佳的决定因素，也可能是心理健康状况不佳的后果。

澳大利亚颁布的 *National Disability Strategy 2010—2020* 为各级政府改善残疾人生活提供了一个为期10年的国家政策框架。该战略旨在推动以更具包容性的方式来设计政策、计划和基础设施，从而使残疾人能够参与澳大利亚生活的各个领域。该战略旨在确保涉及一系列可持续发展目标（包括卫生、教育、就业、收入支持系统和基础设施）的政策设置能够包容残疾人，从而实现图10-5的12项目标，为实现这一系列目标，则需要国家政府、地方政府以及社区之间的通力合作。

图10-5　澳大利亚国家残疾人战略可持续发展目标实现

在该战略执行过程中"国家残疾保险计划"（National Disability Insurance Scheme）成效显著，该计划约为46万名65岁以下、患有永久性严重残疾的澳大利亚人提供了合理且必要的支持，帮助他们过上独立的生活。计划助力残疾人培养技能和能力，使他们能够参与社区生活和就业，并提供日常生活所需的支持，如辅助器具和设备、假肢、家居改造、个人护理和家务助理、联合保健和其他治疗。

---

① National people with disabilities and carer council (2009) Shut Out: The experience of people with disabilities and their families in Australia.

2. 可持续和弹性社会的转型

在中国积极推动城乡建设绿色发展的同时，澳大利亚也在迈向可持续和弹性社会转型之路。向可持续和弹性社会的转型是澳大利亚 2018 年可持续发展高级别政治论坛（High Level Political Forum on Sustainable Development 2018）提出的行动目标。建设可持续和有弹性的社会和社区是为了更好地实现成员的健康、福祉、参与和包容，同时减少他们受到包括与气候变化有关的冲击、灾害和环境事件的影响。该行动的实施将推动图 10-6 的 6 项目标实现。

图 10-6 可持续和弹性社会转型可持续发展目标实现

为推动可持续和弹性社会的转型，澳大利亚政府在 2016 年《智能城市计划》（Smart Cities Plan）中提出了全国性城市建设方针，计划通过推动各级政府、私营部门、研究机构和社区之间的合作，勾画出了建设富饶宜居城市的愿景。城市协议（City Deals）是该计划的重要组成部分，城市协议是将各级政府聚集在一起，共同制定计划，以改善特定地理区域的基础设施和公共交通、宜居性和可持续性、创新性和就业便利性。

同时，许多地方社区也在不断尝试各种方法，以提高城镇的总体福利和宜居性，以及人口和基础设施的复原力。例如，西澳大利亚珀斯的填充式住宅开发项目——"白胶谷"项目（White Gum Valley project），该项目致力于实现零碳排放以及其他可持续发展目标，其总体目标是为居民和更广泛的社区提供包容、安全、弹性和可持续的生活；而澳大利亚绿色建筑委员会的"绿色之星"（Australia's Green Star）认证和评级计划同样是推动可持续和弹性社会转型的典型案例，该计划对中国各地的建筑、基础设施和主要城市改造项目的设计和交付产生了积极影响，推动了宜居性、经济繁荣、可持续性和复原力的全面发展。

3. 澳大利亚发展中的城市绿化

随着热浪的强度和频率不断增加，加之气候变化的影响和城市热岛效应，如图 10-7 所示，已经对澳大利亚众多居民健康造成了严重影响。

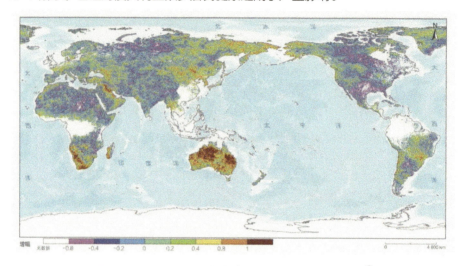

图 10-7　2011—2020 年全球热浪发生频率的变化趋势①

因此，城市绿化成为澳大利亚当局的一项重要战略，该项战略的实施可以在一定程度上削弱热浪、城市热岛效应带来的负面影响，对澳大利亚环境、经济以及居民的健康都有极大益处，也能同时促进如图 10-8 所示的 6 项目标的实现。

图 10-8　澳大利亚发展中的城市绿化可持续发展目标实现

墨尔本西郊降雨量少于墨尔本其他地区，这意味着该地区更加干燥，白天的气温也会更高，故"绿化西部伙伴关系"（Greening the West partnership）这项城市绿化行动在墨尔本西郊进行了多年实践。在澳大利亚政府的支持下，开展的活动包括植树、开辟更多公园、收集雨水用于绿地以及支持社区花园等。在行动实施

---

① 中国科学院地球大数据科学工程先导专项，可持续发展大数据国际研究中心. 地球大数据支撑可持续发展目标报告 (2022)[R]. 纽约：联合国大会，2022.

期间，所有对城市绿化感兴趣的利益相关者经常聚集在一起，分享知识，通过增加绿地和林木覆盖率的目标来推广和实施解决方案。

10.2.3　中澳可持续发展合作行动

中澳两国作为全球重要的经济体，共同处于全球可持续发展系统之中。基于系统观点，澳大利亚在环境保护、可再生能源等领域具有丰富的经验和技术，有望为中国提供支持和合作机会。同时，中澳合作不仅有助于推动两国的可持续发展，还能共同应对全球性挑战，如气候变化和资源效率等问题。因此，中澳进行可持续发展合作具备良好前景和重要意义。

1. 基于系统观点的中澳合作可行性

系统科学是以系统为研究对象的基础理论和应用开发的学科组成的学科群。系统论的核心思想是系统的整体观念。任何系统都是一个有机的整体，它不是各个部分的机械组合或简单相加，系统的整体功能是各要素在孤立状态下所没有的性质。系统中各要素不是孤立地存在着，每个要素在系统中都处于一定的位置上，起着特定的作用。要素之间相互关联，构成了一个不可分割的整体[①]。基于系统论的观点，可以将17项可持续发展目标作为系统，以系统的视角研究中澳两国可持续发展实践。澳大利亚联邦科学和工业研究组织（CSIRO）是政府官方资助的重要研究机构，该机构致力于研究可持续发展目标的系统变革方法，其始终强调可持续发展目标框架的优势在于可持续发展目标之间的相互联系，实现目标的主体之间也相互联系，即每一项方案或行动不仅着眼于一个可持续目标的实现，而是追求多个相互联系目标的实现，实现过程中也需要不同主体之间的协作交流。

通过比较澳大利亚和中国可持续发展行动典型案例，可以发现中澳两国在推行可持续发展的过程中都遵从系统观点，致力于多个可持续发展目标的共同实现，且此过程中做到多主体联动，共同促进系统目标实现。然而中澳两国目前行动大多仅限于地方、国内小系统，涉及国际大系统的可持续发展行动还较少，但从中澳两国各自行动案例中不难发现，中澳可持续发展行动具有较大相似性。且中澳两国在历史上始终关系密切，虽屡遭挫折，但中澳两国关系近年来不断回暖，特别是

---

① 魏宏森，曾国屏. 系统论：系统科学哲学 [M]. 北京：清华大学出版社，1995.

2023年澳大利亚新任总理就任后，中澳关系日趋缓和，多领域合作逐步恢复。中澳协同合作推进可持续发展具备了现实基础，中澳两国共创可持续发展系统具备相当可行性。

2. 中澳可持续发展合作

目前中澳可持续发展合作已涉及科技人才、经济社会、产业发展等领域。

在科技人才领域，中澳两国在创新发展上具有统一目标，双方在各国科技创新领域的投入与产出都逐年递增。与此同时，中澳两国高等院校之间交流也越来越密切，如上海交通大学、东南大学、中央财经大学等中国高等学府均与澳大利亚高校建立了合作，推出不同项目以促进学者之间交流合作。近年来悉尼大学中国学生的数量在不断增加，悉尼大学约有 18 000 名国际学生，其中 70% 的国际学生来自中国。另外，除了庞大的在校生的数量，悉尼大学的中国校友人数也达到了 40 000 人。中澳双方在科技人才领域的合作在不断加强，中澳两国学者、专家在丰富经验的基础上，发挥和探索新形势的新方法，秉持创新发展科技人才的理念，以创新发展努力驱动中澳两国科技人才合作的互利共赢，实现科技人才领域合作的可持续发展。

经济社会方面，自 2009 年以来中国一直是澳大利亚货物贸易第一伙伴国，中澳两国贸易额由 1972 年不足 1 亿美元跃升至 2021 年的 2 073.3 亿美元，占澳大利亚当年进出口贸易总额的 34.2%，当年澳大利亚对华贸易顺差达 605.5 亿美元；中国是澳大利亚最大出口目的国，2021 年对华出口占澳大利亚货物贸易出口总额的 38.8%；中国是澳大利亚第一大进口来源国，2021 年自华进口占澳大利亚货物贸易进口总额的 28.1%；2018 年中国成为澳大利亚最大入境客源国和旅游消费国，年度入境中国游客突破百万人、年度旅游消费突破百亿澳元。在 2022 年 12 月，"中国—澳大利亚低碳创新合作论坛"中，中澳双方共同强调两国在发展低碳经济上目标一致，双方应加强在绿色技术、绿色装备、绿色服务、绿色基础设施建设等方面的交流与合作，并积极拓展在绿色能源、绿色产业、绿色建筑、绿色交通等各领域的沟通与协作。

中澳双方在产业可持续合作方面卓有成效，在能源、气候、治理、生态建设等各领域取得了历史性成果。而近年最受瞩目的则是中澳两国稀土行业的合作，澳大利亚作为一个稀土资源丰富的国家，也意识到了自己在稀土产业上的潜力。然而由于长期以来对于稀土技术的缺乏项目投资、开采困难等问题，使得澳大利亚的稀土产业相对滞后。为了弥补这一差距，澳大利亚与中国的稀土企业盛和资源达成了合作。这项合作将使得 Peak Rare Earths 能够通过消化吸收引进的中国稀土提炼技术，提前几年投产稀土产品，并希望通过这一合作来保持竞争力。该领域中澳双方主要在技术创新上进行合作，澳大利亚在稀土提炼技术方面一直都很欠缺，而中国则掌握着较为成熟的稀土加工和利用技术。通过合作，双方可不断交流经验，并共同研发新的稀土提炼技术，提高提炼效率和产品质量。这不仅有助于降低生产成本，还能推动整个稀土行业技术创新，促进可持续发展。

10.3　中澳对标 SDGs 的年度表现

在 2023 年 6 月发布的 *Sustainable Development Report 2023: Implementing the SDG Stimulus* 中，评估了 166 个联合国成员国 SDGs 落实情况，给出全球排名和地区比较，报告以交互式指标面板直观展示各国对标 SDGs 的年度表现，其中中澳 2022 年整体可持续发展表现如图 10-9 所示[①]。

图 10-9　中澳 2022 年整体可持续发展表现

从 2019-2023 年可持续发展报告中的中澳表现（如表 10-3 所示）、中澳 SDGs 的年度表现（如表 10-4 所示）观察可知，中澳两国在可持续发展领域均不懈努力、持续做出自己的贡献，中国在目标 1 无贫穷（NO POVERTY）、目

---

① Sachs J D, Lafortune G, Fuller, G, et al. Implementing the SDG Stimulus. Sustainable Development Report 2023. Paris: SDSN, Dublin: Dublin University Press, 2023. 10.25546/102924.

标6清洁饮水和卫生设施（CLEAN WATER AND SANITATION）和目标9产业、创新和基础设施（INDUSTRY INNOVATION AND INFRASTRUCTURE）方面具有显著优势。

表 10-3　2019-2023 年可持续发展报告中的中澳表现

报告年度	中国			澳大利亚		
	得分	区域均分	排名/总数量	得分	区域均分	排名/总数量
2019	73.2	65.7	39/162	73.9	77.7	38/162
2020	73.9	67.2	48/166	74.9	77.3	37/166
2021	72.1	66.7	57/165	75.6	77.2	35/165
2022	72.4	65.9	56/163	75.6	77.2	38/163
2023	72.0	67.2	63/166	75.9	72.8	40/166

表 10-4　2019-2023 年中澳 SDGs 的年度表现

报告年度/国别		SDG1～SDG17 的年度表现
2019	中国	
	澳大利亚	
2020	中国	
	澳大利亚	
2021	中国	
	澳大利亚	
2022	中国	
	澳大利亚	
2023	中国	
	澳大利亚	

第 11 章 中澳可持续发展对比分析

中国和澳大利亚作为不同类型的国家,其可持续发展的发展路径也存在差异。比较研究中澳两国的可持续发展能力和发展路径,有助于理解和认识不同国家在可持续发展方面的挑战和机遇,学习和交流两国在可持续发展方面的最佳实践和政策经验,共同应对可持续发展的挑战,推动可持续发展的全球实施,为全球可持续发展的实施和推广提供有益的支持,从而为全球可持续发展提供多元化的思路和选择。

11.1 中国可持续发展能力

中国四大地区的可持续发展能力较强,东部地区遥遥领先,全国经济可持续发展最好,SDG12(负责任消费和生产)的达成度最高,而 SDG17(促进目标实现的伙伴关系)的达成度不到半程。同时,中国所有区域关于 17 项可持续发展目标的发展能力有所侧重,四大地区呈现不同的发展特点。

11.1.1 中国东部

中国东部地区的可持续发展能力排名第一,区域发展有所差异,经济可持续发展达成度最高,SDG12 的可持续发展表现最好,SDG16 和 SDG17 的可持续发展形势最佳,但 SDG17 的可持续发展表现较弱,海南省可持续发展进程较为缓慢。

(1)中国东部地区 13 个区域的可持续发展目标完成情况总体良好。经济可持续发展的达成度评分优于社会和环境,全部目标的综合达成度达到 72.27%(如图 11-1 所示)。有 7 个可持续发展目标达到地区平均水平(如图 11-2 所示)[1],包括 SDG1、SDG4、SDG8、SDG9、SDG12、SDG16、SDG17,其中,SDG12 可持续发展目标达成度评分领先,完成情况达到 98.26%,具有突出的发展优势,

---

[1] 此处反映了某一地区关于 17 项可持续发展目标的相对表现,以地区平均水平为界,低于界限值的目标可能是该限制地区可持续发展综合表现的短板。

然而，SDG2 略有不足，完成情况只有 43.94%。

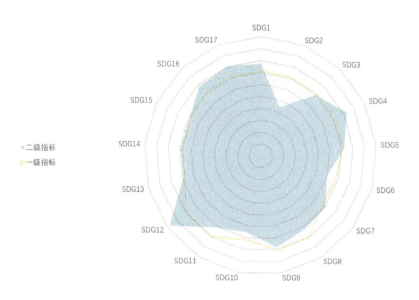

图 11-1　中国东部地区可持续发展目标达成度

图 11-2　中国东部地区可持续发展目标达成度评分

注：图中横轴表示可持续发展目标（SDGs），纵轴表示可持续发展目标达成度评分（单位：分，范围为 45～95 分）或可持续发展目标达成度（无单位，范围为 0～1），用于量化展示各地区关于可持续发展目标的达成情况，下同。

（2）中国东部 SDG2 和 SDG6 的实际进度小于中澳两国平均水平，其余 15 项目标的实际进度较为理想，表示东部地区正在按计划速率执行除上述两项目标之外的可持续发展目标，可能实现 2030 议程（如图 11-3 所示）。具体而言，SDG16 和 SDG17 预计能在 2030 年全部达成，SDG1 和 SDG13 预计在 2045 年全部达成，而 SDG2、SDG7、SDG8、SDG14 即使在 2060 年仍未能全部达成，其余 7 项目标预计能在 2045 年全部达成。

图 11-3　中国东部地区可持续发展能力标识[①]

（3）如图 11-4 所示，上海在 SDG2 的达成度不到 2%，是中国所有区域中在 SDG2 方面进程最慢的区域，严重影响中国在 SDG2 的表现，相反地，海南和台湾在 SDG2 方面可持续发展表现良好，达成度分别为 86.89% 和 79.12%；在 SDG6 方面，中国东部地区的 SDG6 平均达成度为 59.70%，其中江苏和澳门已经全部实现 SDG6，达到了 2030 议程的目标值，但北京、天津、河北和海南的 SDG6 达成度只有 30% 左右。

---

① 可持续发展能力标识体现的是相对表现，左边的框的颜色表示可持续发展目标达成度的表现，右边箭头的颜色和方向表示可持续发展目标趋势的表现。

第二部分　中澳篇

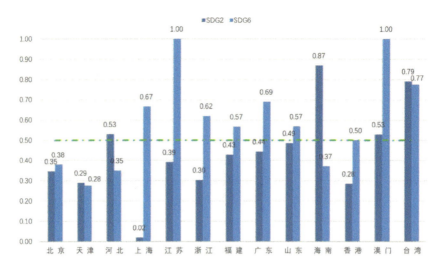

图 11-4　中国东部地区各区域 SDG2 和 SDG6 达成度

（4）中国东部小区域可持续发展表现旗鼓相当，有 7 个区域的可持续发展表现高于平均水平（如图 11-5 所示）。澳门一马当先，可持续发展目标的平均达成度最高，SDG1、SDG5、SDG6、SDG9、SDG16、SDG17 已经实现 2030 议程，并且保持着较好发展速率，可持续发展迈向新阶段。海南力争上游，可持续发展目标的平均达成度较低（在全国区域排名 26/34），SDG1、SDG4、SDG9、

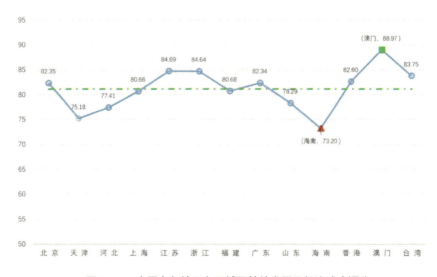

图 11-5　中国东部地区各区域可持续发展目标达成度评分

SDG16、SDG17 的可持续发展目标达成度评分低于 60，其中海南省在 SDG9 和 SDG16 的可持续发展进程不足 10%，明显落后（如图 11-6 所示）。

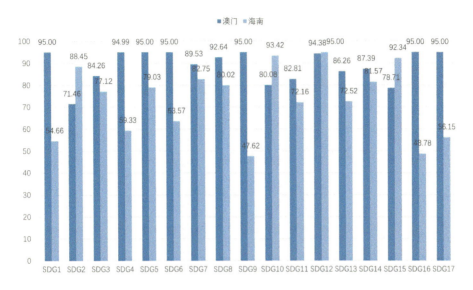

图 11-6　澳门和海南的可持续发展目标达成度评分

（5）中国东部地区的可持续发展目标平均变异程度排名第二[①]，高度变异的目标有 5 个，中等变异的目标有 11 个，小变异的目标有 1 个，在 SDG2、SDG6、SDG10、SDG16、SDG17 方面发展相对失衡（如图 11-7 所示），在 SDG12 方面发展较为均衡。

综上，东部地区在 SDG4（优质教育）、SDG12（负责任消费和生产）和 SDG17（促进目标实现的伙伴关系）方面表现最佳，一定程度上反映出中国东部地区生产消费及相关支持产业发展良好，拥有较优质的合作伙伴，同时在经济发展的同时注重教育等良性方向；而在 SDG2（零饥饿）方面表现欠佳，可以看出该地区虽然经济发展态势较好，但农业可持续发展等能力较薄弱，产业结构需要调整。

---

① 管孝艳，王少丽，高占义，等.盐渍化灌区土壤盐分的时空变异特征及其与地下水埋深的关系[J].生态学报，2012，32(4):198-206.

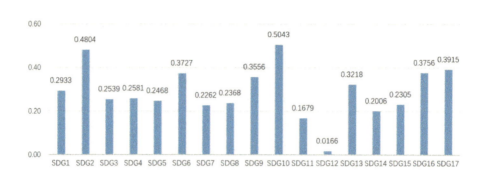

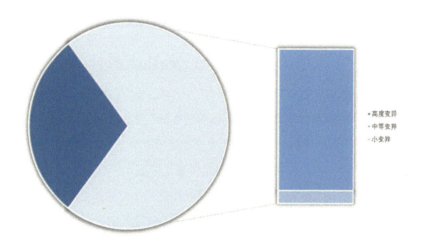

图 11-7 中国东部地区可持续发展目标空间均衡性

11.1.2 中国东北

中国东北地区的可持续发展能力排名第三，区域发展相对均衡，环境可持续发展能力较强，SDG2 和 SDG12 接近全部达成，但 SDG11 和 SDG17 的可持续发展表现较弱，辽宁的可持续发展优于吉林和黑龙江。

（1）中国东北地区 3 个区域的可持续发展目标完成情况总体适中，环境可持续发展的达成度评分优于经济和社会,全部目标的综合达成度达到57.29%(如图11-8所示)。有9个可持续发展目标达到地区平均水平(如图11-9所示),包括SDG2、SDG3、SDG5、SDG6、SDG7、SDG12、SDG13、SDG14、SDG15,其中,SDG2和SDG12可持续发展目标达成度在90%以上,然而,SDG11和SDG17的达成度都不到五分之一进程。

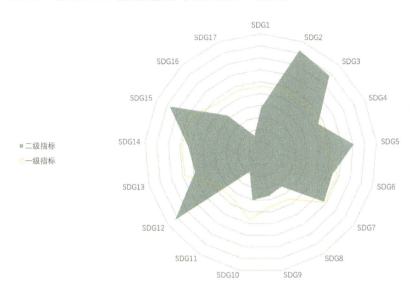

图11-8 中国东北地区可持续发展目标达成度

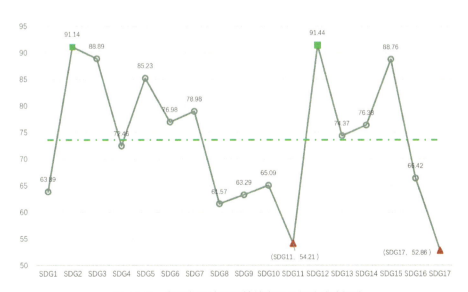

图11-9 中国东北地区可持续发展目标达成度评分

第二部分 中澳篇

（2）中国东北在 2021 年暂无可持续发展目标全部达成，17 项可持续发展目标预计延期完成。有 9 个目标的实际进度小于中澳两国平均水平，其中 SDG4 和 SDG13 的实际进度大于 50%，其余 8 项目标的实际进度较为理想，可能实现 2030 议程。SDG3 和 SDG5 的达成度高于中澳两国平均水平，并且预计在 2045 年全部达成，同样预计在 2045 年全部达成的目标还有 SDG16，而 SDG2 和 SDG14 预计在 2060 年才能全部达成（如图 11-10 所示）。如图 11-11 所示，东

图 11-10　中国东北地区可持续发展能力标识

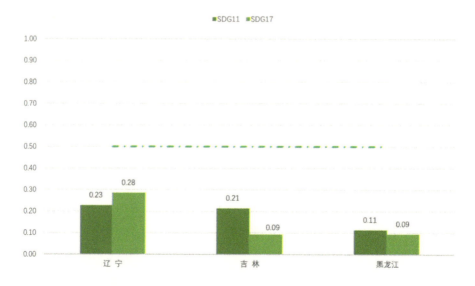

图 11-11　中国东北地区各区域 SDG11 和 SDG17 达成度

北地区三个区域在 SDG11 和 SDG17 的达成度都在 20% 左右，尤其是黑龙江这两项目标的完成情况令人担忧。

（3）中国东北小区域可持续发展差异较小（如图 11-12 所示），辽宁的可持续发展目标达成度评分最高。如图 11-13 所示，吉林在 SDG3 的达成度为满分，说明已经实现 SDG3，三个区域在 SDG12 方面接近全部完成（达成度大于 90%），在 SDG2 方面可持续发展表现良好，但黑龙江的 SDG11 和 SDG17 达成度只有 10% 左右，拉低了地区平均成绩。

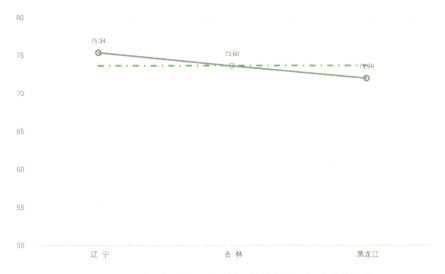

图 11-12　中国东北地区各区域可持续发展目标达成度评分

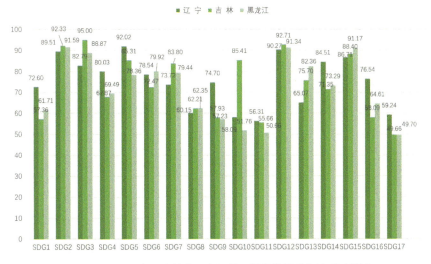

图 11-13　辽宁、吉林和黑龙江的可持续发展目标达成度评分

（4）中国东北地区的可持续发展目标平均变异程度排名第三，其中高度变异的目标有3个，中等变异的目标有6个，小变异的目标有8个，在SDG9、SDG10和SDG17方面发展相对失衡（如图11-14所示），但在SDG2、SDG3、SDG5、SDG6、SDG7、SDG8、SDG10、SDG12、SDG15方面发展相对均衡，尤其是三个区域的SDG10可持续发展表现差异明显。

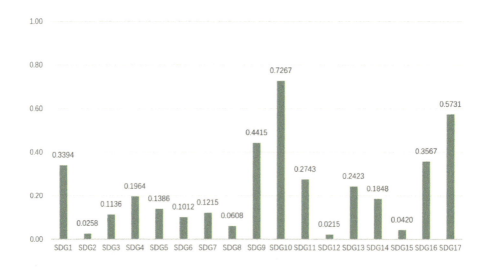

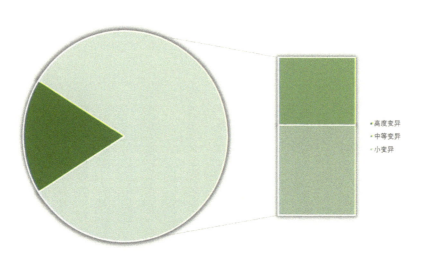

图11-14 中国东北地区可持续发展目标空间均衡性

东北地区在 SDG2（零饥饿）和 SDG12（负责任消费和生产）方面表现最佳，反映中国东北地区在农业可持续发展和生产消费可持续发展方面投入较多，同时，SDG3（良好健康与福祉）、SDG5（性别平等）和 SDG15（陆地生物）的可持续发展表现也较为出色，东北地区在社会层面上注重人民健康和性别平等，在环境层面上注重森林防火工作。然而，东北地区的可持续发展表现仍为中国四大地区中较差的，主要原因是东北地区的经济可持续发展尚未实现，经济指标的达成度是所有地区中最低值，在 SDG8（体面工作和经济增长）、SDG9（产业、创新和基础设施）和 SDG11（可持续城市和社区）方面表现欠佳，可以看出该地区的经济发展动力不足，地区居民的就业情况有待改善，城市化水平有待提高。此外，东北地区的 SDG17（促进目标实现的伙伴关系）达成度较低，说明东北地区的对外开放整体水平不高、对外开放的基础能力有待提升。值得注意的是，东北地区的 SDG2（零饥饿）可持续发展表现优良，与其他地区的表现具有断层式优势，这一结果与东北地区"大粮仓"的地域形象十分符合。

因此，中国东北地区一方面要继续巩固农业可持续发展的优势地位，另一方面要通过产业升级，拉动地区生产总值增长，同时创新就业市场活力，提供更多的就业机会；东北地区还要注意关于社会指标的全面可持续发展，在保持人民健康和性别平等取得的可持续发展成绩的同时，需要看到自身在进出口贸易方面的不足。

11.1.3 中国中部

中国中部地区的可持续发展能力排名第二，区域发展基本均衡，经济可持续发展能力较强，SDG12 的可持续发展表现较好，SDG17 的可持续发展进程暂时落后，SDG13 和 SDG16 的可持续发展形势乐观，山西的可持续发展进程欠佳。

（1）中国中部地区 6 个区域的可持续发展目标完成情况总体良好，经济可持续发展的达成度评分优于社会和环境，全部目标的综合达成度达到 64.25%（如图 11-15 所示）。有 11 个可持续发展目标达到地区平均水平（如图 11-16 所示），包括 SDG3、SDG4、SDG5、SDG7、SDG8、SDG9、SDG10、SDG12、SDG13、SDG14、SDG15，其中 SDG12 可持续发展目标达成度达到 90 分以上，基本实现 2030 议程，所有目标中只有 SDG17 的完成情况低于 50%。

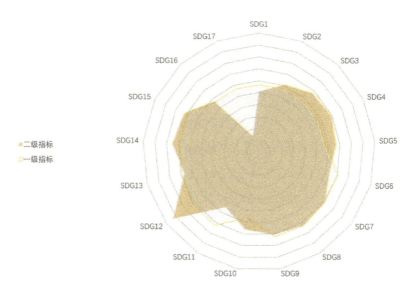

图 11-15　中国中部地区可持续发展目标达成度

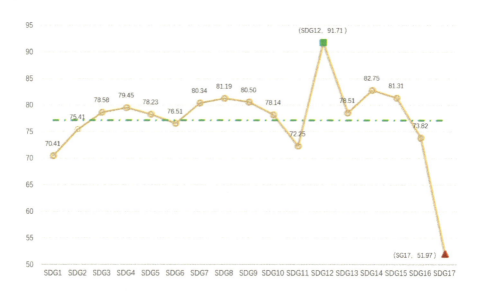

图 11-16　中国中部地区可持续发展目标达成度评分

（2）中国中部只有5个目标的实际进度小于中澳两国平均水平，包括SDG1、SDG2、SDG11、SDG16和SDG17，其中SDG16预计能在2030年全部达成，即实现2030议程，SDG17预计在2045年全部达成，SDG1和SDG11预计在2060年全部达成，而SDG2的达成时间未知。在其余12项目标中，SDG3、SDG4、SDG5、SDG6、SDG9、SDG10、SDG12、SDG13、SDG14的实际进度较为理想，并且发展速率高于中澳两国平均水平，可能实现2030议程（如图11-17所示），SDG13预计能够在2030年全部达成，SDG3和SDG14预计在2045年全部达成。SDG7、SDG8和SDG15的发展形势比较

图11-17　中国中部地区可持续发展能力标识

悲观。如图11-18所示，中部地区6个区域在SDG17的达成度都不到20%左右，其中山西的对外开放和交流程度最低。

（3）中国中部小区域可持续发展差异较小（如图11-19所示），湖北的可持续发展目标达成度评分最高，大于80分，山西的可持续发展目标达成度评分垫底，只有71.87分，在全国区域中排名28/34。如图11-20所示，山西和湖北在SDG3和SDG8的达成度评分都大于80，山西在SDG3、SDG5和SDG13的可持续发展进程要快于湖北，其中山西SDG3和SDG5的评分大于90分，说明山西在健康和性别平等的社会可持续发展方面取得不错成绩，然而，在其余14项目标中，湖北的可持续发展进程更快，湖北SDG6、SDG12和SDG14的评分远远高于山西（大于90分）。

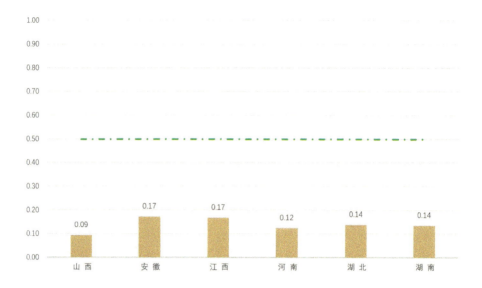

图 11-18　中国中部地区各区域 SDG17 达成度

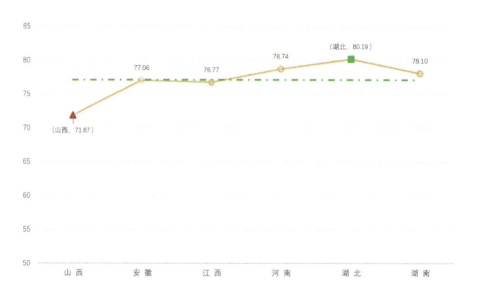

图 11-19　中国中部地区各区域可持续发展目标达成度评分

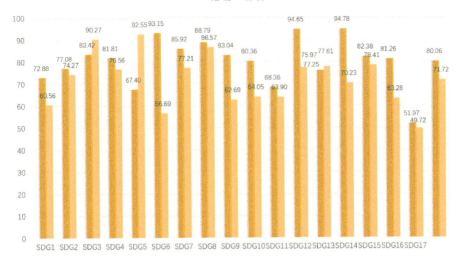

图 11-20 湖北和山西的可持续发展目标达成度评分

（4）中国中部地区的可持续发展目标平均变异程度排名第四，平均变异系数为 0.1725，与中国东北地区的可持续发展目标变异程度相比，两者的变异系数相差较小，但中部地区所含区域数量更多、空间属性更为复杂，因此可见中部地区的均衡程度是四大地区中最好的。中部地区没有高度变异目标，中等变异的目标有 10 个，小变异的目标有 7 个，在 SDG10 方面发展相对失衡（如图 11-21 所示），在 SDG2、SDG4、SDG7、SDG8、SDG12、SDG14 和 SDG15 方面有小幅度的差异，其中安徽、江西、湖北的 SDG10 达成度在 60%～70%，河南在 SDG10 下设三级指标上的表现为全国区域最高值，而山西的 SDG10 达成度只有 38.11%，因此 SDG10 具有一定差异。

中部地区在 SDG12（负责任消费和生产）方面表现最佳，一定程度上反映出中国中部地区经济基础良好、经济发展平稳；环境层面的可持续发展达成度为中国四大地区的最高值，并且相应的 5 个可持续发展目标的达成度评分十分均衡，可以看出中部地区在环境可持续发展上取得了可观成绩。中部地区在 SDG17（促进目标实现的伙伴关系）方面表现欠佳，这一结果提醒中部地区应当加强对外经济交流，并且在 SDG2（零饥饿）、SDG7（经济适用的清洁能源）、SDG8（体面工作和经济增长）和 SDG15（陆地生物）方面需要重新考虑和调整发展规划，以期改善这些目标的发展形势。

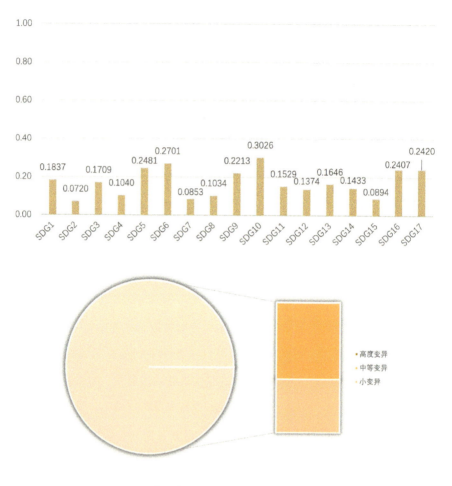

图 11-21　中国中部地区可持续发展目标空间均衡性

11.1.4　中国西部

中国西部地区的可持续发展能力排名第四，区域发展失衡，环境可持续发展能力较强，SDG7 的可持续发展表现相对较好，SDG17 的可持续发展进程暂时落后，西藏的可持续发展进程缓慢。

（1）中国西部地区 12 个区域的可持续发展目标完成情况总体较差，环境可持续发展的达成度评分优于经济和社会，全部目标的综合达成度达到 55.83%（如图 11-22 所示）。有 9 个可持续发展目标达到地区平均水平（如图 11-23 所示），包括 SDG2、SDG3、SDG5、SDG7、SDG8、SDG10、SDG12、SDG13、SDG15。SDG7 的达成度最高，为 81.29%，西部地区缺少可持续发展目标达成度达到 90 分以上的指标。有 7 个可持续发展目标完成情况低于 50%，SDG17 的达成度最低。

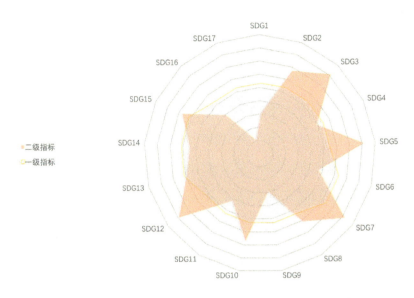

图 11-22　中国西部地区可持续发展目标达成度

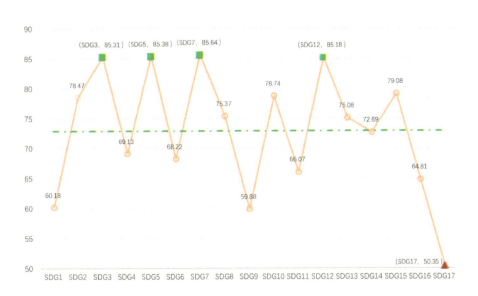

图 11-23　中国西部地区可持续发展目标达成度评分

（2）中国西部有 10 个目标的实际进度小于中澳两国平均水平（如图 11-24 所示），但 SDG16 预计能在 2045 年全部达成。如图 11-25 所示，西部地区在 SDG17 的达成度都不到 50%，其中青海、西藏、贵州和甘肃的 SDG17 达成度接近 0。

图 11-24　中国西部地区可持续发展能力标识

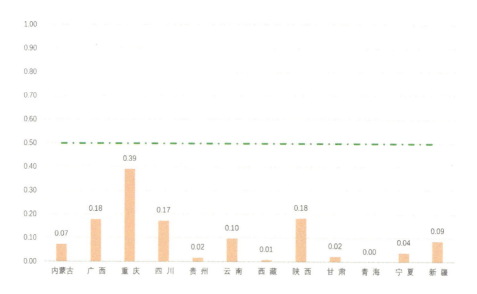

图 11-25　中国西部地区各区域 SDG17 达成度

（3）中国西部小区域可持续发展差异较大（如图11-26所示），四川的可持续发展目标达成度评分最高且高于80分，但西部地区只有1个区域的达成度评分达到了80分以上，西藏的可持续发展目标达成度评分垫底，只有66.74分。如图11-27，西藏在SDG1、SDG9和SDG17的达成度评分不到60分（达成度低于10%），其中SDG9的达成度为0，表示西藏在产业、创新和基础设施方

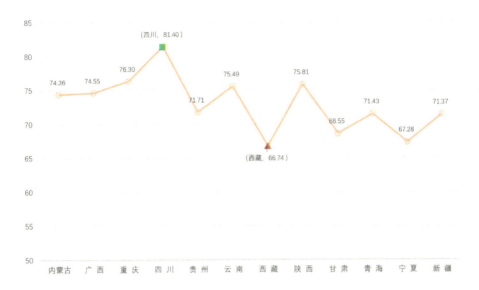

图11-26 中国西部地区各区域可持续发展目标达成度评分

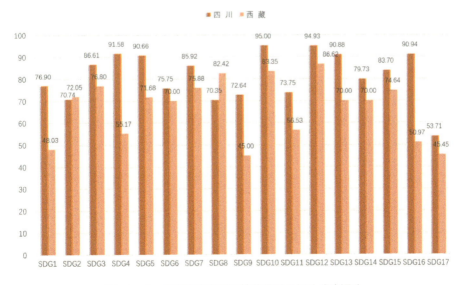

图11-27 四川和西藏的可持续发展目标达成度评分

第二部分 中澳篇

面的投入不够，其 2021 年政府财政社区及住房支出、研发经费及制造业营收额是当年度中国所有区域的最低值。针对西藏的弱势目标，例如，四川在这三方面的达成度较高，有突出的发展优势，尤其是四川在 SDG16 的达成度排名为 8/34，可通过区域间互助，为西藏可持续发展提供值得借鉴的经验。

（4）中国西部地区的可持续发展目标平均变异程度排名第一，高度变异目标有 7 个，中等变异的目标有 8 个，小变异的目标有 2 个，在 SDG1、SDG9、SDG16 和 SDG17 方面严重失衡（如图 11-28 所示），但在 SDG3 和 SDG14 方面发展相对均衡。

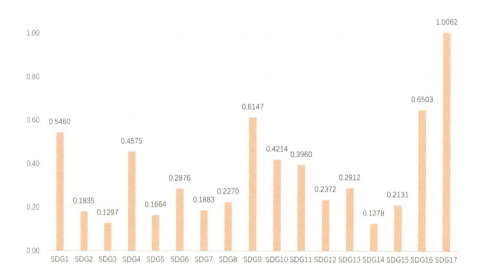

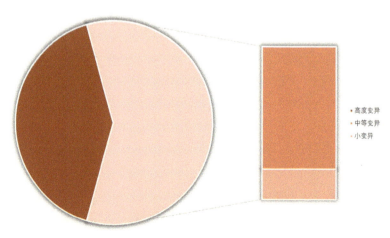

图 11-28　中国西部地区可持续发展目标空间均衡性

西部地区在SDG3（良好健康与福祉）、SDG5（性别平等）、SDG7（经济适用的清洁能源）和SDG12（负责任消费和生产）方面表现较好，反映出西部地区在生产生活中注重环境生态的保护；而在SDG9（产业、创新和基础设施）和SDG17（促进目标实现的伙伴关系）方面，西部地区需要更多关注和投入资源，该地区整体经济水平和产业结构相对落后，经济增长能力和创新能力较差，产业结构需要调整，基础设施建设有待改进，尤其是落后较多的区域，亟需激发经济增长的潜力。对于社会与环境可持续方面，要做到稳中求进，拉动经济增长的同时注重环境保护，发展对于绿色能源的使用，加大教育投入，推进农业可持续发展，对社会安稳、人民福祉的关注不能减弱。同时，中国西部地区均有对外开放不够的发展难题，这些区域应当积极参与"一带一路"建设，应当以生态保护为前提，巩固现有环境可持续发展取得的成绩，加快产业升级，打造高质量的特色产业链，发挥好面向南亚开发的区位优势，加强与国际的合作交流。

11.2　澳大利亚可持续发展能力

澳大利亚可持续发展目标的综合达成度低于中国，但环境可持续发展最强，达成度最高的目标是SDG3（良好健康与福祉），有3个目标的达成度不足50%（中国只有1个目标的达成度不足50%），四大地区可持续发展能力的差异性较大。

11.2.1　澳大利亚东部

澳大利亚东部地区的可持续发展能力排名第二，区域发展有明显差异，经济可持续发展能力最为优异，SDG12的可持续发展表现最好，SDG17的可持续发展形势最佳（澳大利亚四大地区都能按期完成SDG17），SDG1和SDG4的可持续发展表现较弱，首都堪培拉可持续发展进程相对缓慢。

（1）澳大利亚东部地区4个区域的可持续发展目标完成情况总体良好。经济可持续发展的达成度评分优于社会和环境，全部目标的综合达成度为62.97%（如图11-29所示）。有6个可持续发展目标达到地区平均水平（如图11-30所示），包括SDG2、SDG3、SDG5、SDG12、SDG14、SDG15，其中，SDG12的达成度最高；有2个可持续发展目标的完成情况不到半程，分别为SDG1（达成度47.51%）和SDG4（达成度46.57%）。

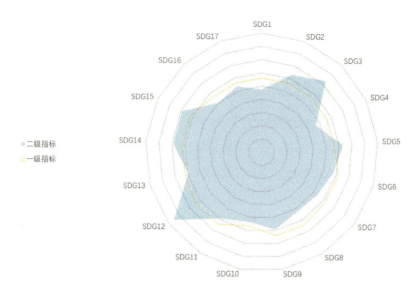

图 11-29　澳大利亚东部地区可持续发展目标达成度

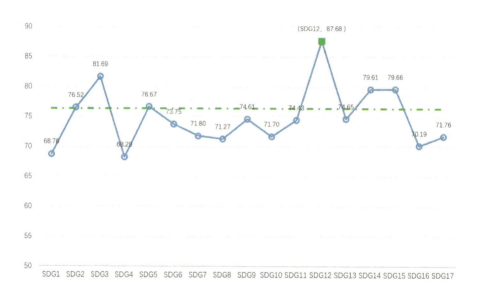

图 11-30　澳大利亚东部地区可持续发展目标达成度评分

（2）如图 11-31 所示，澳大利亚东部地区有 6 个可持续发展目标的实际进度高于中澳两国平均水平，包括 SDG2、SDG3、SDG5、SDG12、SDG14、SDG15，但其中 SDG14 的实际达成时间仍未知。其余 11 个目标中，有 2 个可持续发展目标的实际进度不到半程，其中 SDG1 和 SDG4 若以历史发展速率前进，可分别在 2045 年和 2060 年全部达成。SDG17 的达成度低于中澳两国平均水平，但历史发展速率较为乐观，若按计划执行，可按期实现 2030 议程。

图 11-31　澳大利亚东部地区可持续发展能力标识

（3）澳大利亚东部地区在 SDG1 和 SDG4 的达成度表现相对落后，达成度均不到 50%。具体来看（如图 11-32 所示），相对东部地区其他三个区域，新南威尔士在 SDG1 和 SDG4 方面均是领先区域，其中 SDG4 的达成度达到了 95%，相反地，塔斯马尼亚在 SDG1 和 SDG4 方面整体上落后于其他区域。从区域发展来看，塔斯马尼亚的可持续发展短板在 SDG1 和 SDG4，首都堪培拉的可持续发展短板在 SDG4，新南威尔士和维多利亚相对来说较为均衡。

（4）澳大利亚东部各区域可持续发展相对均衡，新南威尔士和维多利亚的达成度评分高于地区平均水平（如图 11-33 所示）。如图 11-34 所示，维多利亚可持续发展目标的平均达成度最高，在 SDG9、SDG13 和 SDG16 三项目标上均已实现 2030 议程，SDG12 接近实现，SDG4 和 SDG6 达成度高于 80%；首都堪培拉可持续发展目标的平均达成度相对较低（在全国区域排名 7/8），已全部实现

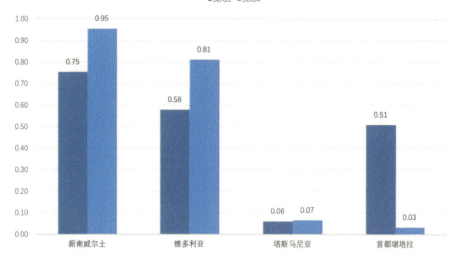

图 11-32　澳大利亚东部地区各区域 SDG1 和 SDG4 达成度

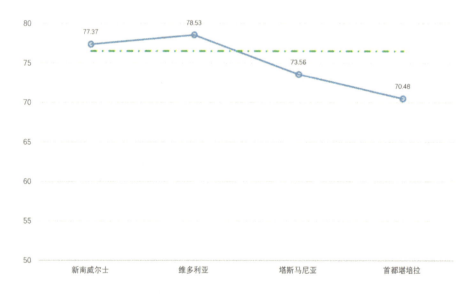

图 11-33　澳大利亚东部地区各区域可持续发展目标达成度评分

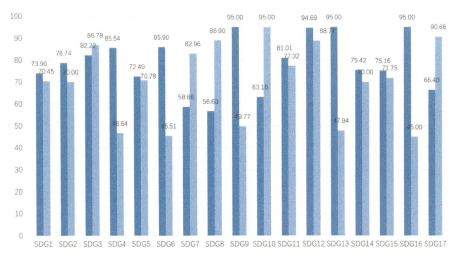

图 11-34 维多利亚和首都堪培拉的可持续发展目标达成度评分

SDG10，但在 SDG16 方面达成度为 0，SDG4、SDG6、SDG9 和 SDG13 的达成度均低于 10%。

澳大利亚东部地区在 SDG3（良好健康与福祉）和 SDG12（负责任消费和生产）两个方面表现最佳，一定程度上反映出澳大利亚东部地区生产消费及相关支持产业发展良好，并且注重发展民众的健康与医疗卫生事业；而在 SDG1（无贫穷）和 SDG4（优质教育）方面表现欠佳，可以看出该地区在经济建设和教育质量提升方面成效不佳。其中，最需要引起注意的是 SDG4（优质教育）不仅评分较低，且存在明显的地区差异（区域均衡性较差）。

因此，澳大利亚东部地区应推行促经济发展的政策，缩小社会贫富差距，创造更多优质就业岗位，并注重提高教育质量；对于表现较好的健康福祉、负责任消费与生产两方面，应继续保持发展优势，在采取改善措施时，应对评分低的区域重点采取措施。

11.2.2 澳大利亚东北

澳大利亚东北地区的可持续发展能力排名第一，社会可持续发展能力较强，SDG17 全部达成，有 4 项目标的可持续发展形势十分乐观，SDG7 和 SDG15 的可持续发展表现较弱。

（1）澳大利亚东北地区的可持续发展目标完成情况整体良好，社会可持续发展的达成度评分优于经济和环境，全部目标的综合达成度达到 70.42%（如图 11-35 所示）。有 10 个可持续发展目标达到地区平均水平（如图 11-36 所示），包括 SDG2、SDG3、SDG4、SDG5、SDG6、SDG11、SDG12、SDG13、SDG14、SDG17，其中，SDG17 可持续发展目标达成度满分，已实现 2030 议程，但 SDG7 和 SDG15 仅完成五分之一的进程。

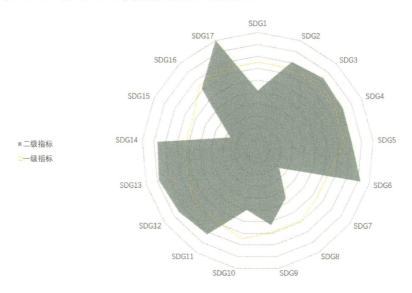

图 11-35 澳大利亚东北地区可持续发展目标达成度

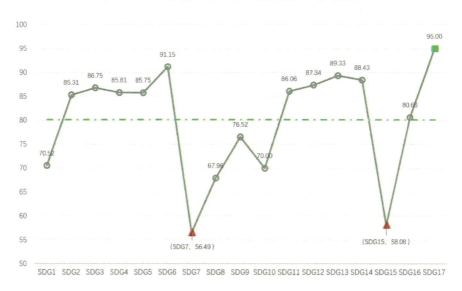

图 11-36 澳大利亚东北地区可持续发展目标达成度评分

（2）澳大利亚东北地区 17 项可持续发展目标的完成情况和发展形势均较为理想。如图 11-37 所示，澳大利亚东北地区有 5 个目标的实际进度小于中澳两国平均水平，其中只有两项目标（SDG7 和 SDG15）的达成度不到半程并且全部达成的时间仍是未知状态，SDG1 预计可按期完成 2030 议程，SDG8 预计可在 2045 年全部达成，但 SDG10 全部达成的时间未知；有 12 目标的实际进度大于中澳两国平均水平，在 2021 年已经全部完成 SDG17，并且预计可按期完成 SDG1、SDG5 和 SDG16 可持续发展目标，可在 2060 年全部达成 SDG11 和 SDG14 可持续发展目标，其余 7 项目标尽管 2021 年的达成度高于中澳两国的平均水平，但历史发展速率不足以支撑其按期完成 2030 议程，因此达成时间未知。

图 11-37　澳大利亚东北地区可持续发展能力标识

综上，东北地区在 SDG6（清洁用水和卫生设施）、SDG13（气候行动）和 SDG17（促进目标实现的伙伴关系）三个方面表现最佳，反映出澳大利亚东北地区重视居民生活保障，关注环境可持续发展，在打造可持续城市和社区的同时顺应全球可持续发展的方向，减少温室气体排放；而在 SDG7（经济适用的清洁能源）和 SDG15（陆地生物）方面表现欠佳，可以看出该地区在使用清洁能源方面较差，对陆地生物保护有待加强。需要额外注意的是，SDG7（经济适用的清洁能源）和 SDG15（陆地生物）不仅目前的评分较低，而且其达成度距离 2030 议程有一定差距，若东北地区不采取相应措施，则可能无法实现 2030 议程。

澳大利亚东北地区应采取综合措施，推动经济发展与清洁能源的深度融合，鼓励可再生能源的广泛应用。同时，强化对陆地生态系统的保护，倡导可持续土地管理和野生动植物保护。在社会层面，建设更加包容和可持续的城市社区，提高居民对环保和可再生资源的认知，促进 SDG 的全面实现。经济、社会、环境三方面的协同发展将为东北地区创造更为可持续的未来，实现全球可持续发展的共同目标。

11.2.3 澳大利亚中部

澳大利亚中部地区的可持续发展能力排名第四，环境可持续发展能力较强，经济可持续发展能力落后，SDG7、SDG8 和 SDG10 的可持续发展表现相对较好，有 7 项目标的达成度不足 50%，SDG17 可按期完成 2030 议程。

（1）澳大利亚中部地区的可持续发展目标完成情况总体较差，环境可持续发展的达成度评分优于社会和经济，全部目标的综合达成度仅有 47.25%（如图 11-38 所示）。有 10 个可持续发展目标达到地区平均水平（如图 11-39 所示），包括 SDG2、SDG3、SDG5、SDG6、SDG7、SDG8、SDG10、SDG13、SDG14、SDG15，其中，SDG7 和 SDG10 两项目标的可持续发展目标达成度

图 11-38　澳大利亚中部地区可持续发展目标达成度

在 80 分以上，SDG9、SDG16 和 SDG17 三项目标的可持续发展目标达成度在 60 分以下。

图 11-39 澳大利亚中部地区可持续发展目标达成度评分

（2）澳大利亚中部地区的可持续发展情况令人担忧。如图 11-40 所示，在达成度方面，只有 3 个目标的实际进度高于中澳两国平均水平，包括 SDG7、SDG8 和 SDG10，其中 SDG7 的全部达成时间未知，SDG8 预计在 2060 年全部达成，SDG10 则预计在 2045 年全部达成；在发展形势方面，SDG17 的达成度低于 50%，但历史发展速率可观，预计能够在 2030 年全部达成，而剩余 13 个目标的发展形势比较悲观，若不做改变将会延期实现 2030 议程。

（3）如图 11-41 所示，中部地区两个区域在 SDG9、SDG16 和 SDG17 的达成度都不到 30%，其中北领地在三项目标上均落后于南澳大利亚。根据前文分析，新南威尔士和维多利亚在 SDG9 和 SDG16 的达成度都为 1，表示这两个州对于产业发展和公检法工作构筑了坚实基础，可作为澳大利亚所有区域的示范工作区。

图 11-40　澳大利亚中部地区可持续发展能力标识

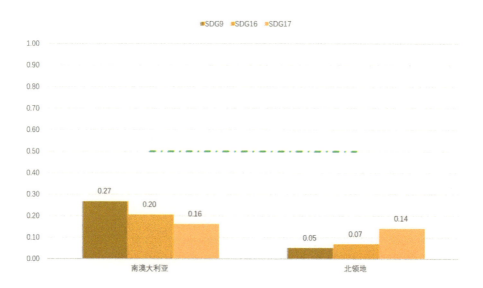

图 11-41　澳大利亚中部地区各区域 SDG9、SDG16 和 SDG17 达成度

（4）相对于澳大利亚东部地区来说，澳大利亚中部小区域可持续发展差异相对较小（所含区域数量较少，并且区域可持续发展评分接近）。南澳大利亚的综合评分高于北领地，体现在南澳大利亚被标记为"进展顺利"的目标数量多于北领地，其中，南澳大利亚的SDG15达成度评分几乎满分，北领地的SDG10达成度评分为满分、SDG7达成度评分高于90分；另一方面，北领地被标记为"挑战维持"的目标数量多于南澳大利亚，其中，北领地SDG9、SDG12和SDG16的达成度不足10%，而南澳大利亚所有目标的达成度都高于10%。

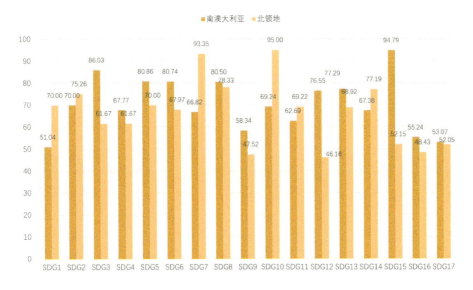

图11-42 南澳大利亚和北领地的可持续发展目标达成度评分

澳大利亚中部地区的可持续发展情况较差，SDG7（经济适用的清洁能源）、SDG8（体面工作和经济增长）和SDG10（减少不平等）的达成度相对而言表现良好，能够反映出澳大利亚中部经济增长态势良好，就业市场广阔，就业条件优良，并且清洁能源应用较广泛，环境中碳排放量较少；而在SDG9（产业、创新和基础设施）、SDG16（和平、正义与强大机构）、SDG17（促进目标实现的伙伴关系）三方面表现不良，可持续发展评分及指标完成度均较低，能够看出澳大利亚中部地区产业建设和基础设施建设需要加强，缺少较优质的合作伙伴，且在经济发展的同时没有对和平、正义等良性方向给予足够的关注。

综上，澳大利亚中部地区需要在基础设施建设、产业转型升级方面加大投入，同时注重司法公平建设，并积极建立与国内外优质伙伴的合作关系；对于表现较好的体面工作和经济增长方面，要继续保持当前优势，持续推动经济增长，促进人才就业。

11.2.4 澳大利亚西部

澳大利亚西部地区的可持续发展能力排名第三，环境可持续发展能力较强（与澳大利亚中部地区相似），SDG17 全部达成，SDG10 和 SDG12 的可持续发展进程暂时落后。

（1）澳大利亚西部地区的可持续发展目标完成情况总体偏差，环境可持续发展的达成度评分优于经济和社会，全部目标的综合达成度达到 56.90%（如图 11-43 所示）。有 10 个可持续发展目标达到地区平均水平（如图 11-44 所示），包括 SDG2、SDG3、SDG4、SDG5、SDG6、SDG7、SDG9、SDG13、SDG14、SDG17。SDG17 在 2021 年已全部达成，但 SDG10 和 SDG12 未完成至五分之一。

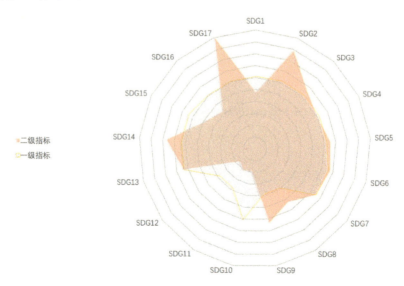

图 11-43　澳大利亚西部地区可持续发展目标达成度

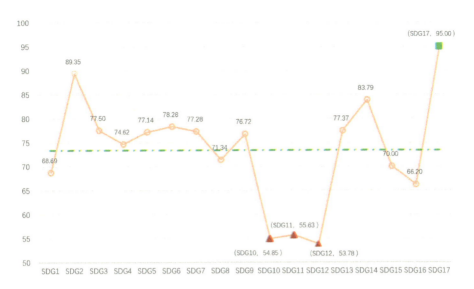

图 11-44　澳大利亚西部地区可持续发展目标达成度评分

（2）如图 11-45 所示，澳大利亚西部有 8 个目标的实际进度低于中澳两国平均水平，但 SDG8 预计能在 2045 年全部达成；在其余 9 项目标中，SDG17 已经实现 2030 议程，SDG5 预计可按期完成，而 SDG2、SDG3、SDG6、SDG7、SDG9、SDG13 和 SDG14 的达成时间未知，其发展速率有待提高。需要注意的是，SDG10 的历史发展速率小于 0，意味着西部地区正向着错误方向进行，西部地区在居民收入方面极不平衡。

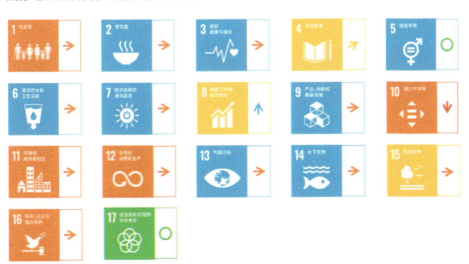

图 11-45　澳大利亚西部地区可持续发展能力标识

澳大利亚西部地区在 SDG2（零饥饿）和 SDG17（促进目标实现的伙伴关系）方面表现最佳，一定程度上反映出澳大利亚西部地区注重农业可持续发展，同时注重伙伴关系发展。西澳大利亚拥有广阔的土地资源和适宜的气候条件，使得农业在该州得到了长足的发展，同时，从发展形势的评估结果来看，还面临着许多挑战，如气候变化、人口流动、市场需求等。西澳大利亚是澳大利亚重要的港口城市，2023 年 4 月，西澳洲州长麦高恩访华，表示"中国是西澳最大的贸易伙伴"[1]。在 SDG10（减少不平等）、SDG11（可持续城市和社区）、SDG12（负责任消费和生产）方面，西部地区表现欠佳，可以看出该地区经济可持续发展能力欠佳，需要关注弱势群体的权益保障，还需要加强对于城市建设的投入，同时关注生产的可持续发展，以实现城市和社区的可持续发展。

综上，澳大利亚西部地区需要在经济可持续发展方面加大投入，这包括发展清洁能源与绿色经济，促进多元化经济结构建设，鼓励社会参与可持续消费；而在社会与环境可持续发展方面，需要继续保持，稳中求进，政府可以引导企业可持续发展，并加强自然资源保护和可持续管理，特别是对于森林资源和土地利用的管理，以维护生态平衡和可持续发展。

11.3　中澳可持续发展比较优势分析

本次评估的目的在于全面了解现状并找出执行差距，以及识别重点行动领域，促进 2030 议程可持续发展目标的平衡实施。为了确定未来的重点行动领域，本节筛选了中澳两国各区域实施进展低于 50% 的指标，并将其集结为一组，组合成为未来应特别关注的领域。

11.3.1　中澳可持续发展现状

中国四大地区的可持续发展能力较强，东部地区遥遥领先，全国环境可持续发展最好，四大地区在一级指标的分数结构特征有所差异。

（1）中国可持续发展目标综合达成度为 63.73%，四大地区排名为：东部地

---

[1] 腾讯网.西澳州长访华强调中国重要性，澳外长表态，中美间需重视自身利益[EB/OL].（2023-04-18）[2023-12-10].https://new.qq.com/rain/a/20230418A07E5L00.

区＞中部地区＞东北地区＞西部地区，东部地区遥遥领先，东北地区和西部地区差距极小（如图11-46所示）。

（2）从一级指标来看，中国整体的可持续发展能力表现为环境可持续发展优于经济可持续发展、优于社会可持续发展，中国东部地区和中部地区的经济可持续发展能力最强，而东北地区和西部地区的环境可持续发展能力最强（如图11-47所示）。

图11-46　中国四大地区可持续发展能力评分

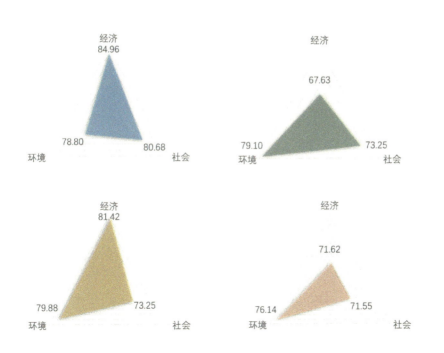

图11-47　中国四大地区一级指标达成度评分

中国在 SDG12 方面达成度超过 90%，而在 SDG17 方面达成度不到 50%，四大地区的可持续发展能力各有千秋。

（1）中国在二级指标上的达成度表现，评分由高到低分别为：SDG12>SDG5>SDG3>SDG7>SDG15>SDG4>SDG14>SDG8>SDG13>SDG10>SDG2>SDG16>SDG9>SDG6>SDG11>SDG1>SDG17（如图 11-48 所示）。

图 11-48　中国四大地区二级指标达成度评分

（2）与其他可持续发展目标相比，中国在 SDG17（促进目标实现的伙伴关系）的可持续发展目标达成度最低，在 SDG12（负责任消费和生产）的可持续发展目标达成度最高。中国 SDG17 的达成度评分较低，只有东部地区的 SDG17 达成度评分超过了 85 分，其余三个地区的 SDG17 达成度评分都不足 60 分，SDG17 是制约这三个地区可持续发展的重要指标。

（3）中国地大物博、幅员辽阔，四大地区呈现不同的发展特点。例如，东部地区在 SDG2（零饥饿）达成度上表现较弱，而东北地区的农业可持续发展表现优异，与其他地区的表现具有断层式优势，这一结果影射了东北地区"大粮仓"的地域形象；东部地区在 SDG17（促进目标实现的伙伴关系）方面表现较好，在该地区所有可持续发展目标中排名第三，而其余三个地区的 SDG17 是各自所有可持续发展目标评分排名最末位的指标；相对于其他可持续发展目标，中部地区在 SDG14（水下生物）方面具有发展优势，表现良好；西部地区在 SDG5（性别平等）、SDG7（经济适用的清洁能源）和 SDG10（减少不平等）达成度上表现相对较好。

中国可持续发展目标综合达成度为63.73%，有7个可持续发展目标的达成度低于中澳两国平均水平，所有区域预计能在2045年全部达成5个可持续发展目标。

（1）如图11-49所示，中国有7个可持续发展目标的达成度低于中澳两国平均水平，包括SDG1、SDG2、SDG6、SDG9、SDG11、SDG16和SDG17，其中，SDG1、SDG16和SDG17若能够保持现有增长率，即预计能够在2045年全部达成[1][2]，SDG9预计能够在2060年全部达成。

（2）中国有10个可持续发展目标的达成度高于中澳两国平均水平，其中SDG3和SDG13预计能在2045年全部达成，SDG4、SDG5、SDG10、SDG12、SDG14、SDG15预计能在2060年全部达成，而SDG7和SDG8尽管达成度高于中澳两国平均水平，但所有区域均实现目标值的年限仍是未知状态。

中国澳门的可持续发展目标达成度最高，11个区域的达成度评分高于80分。

图11-49　中国可持续发展能力标识

---

[1] 为使不同年限的数据具有可比性，假设2021年、2030年、2045年以及2060年的基准值和目标值保持一致。
[2] 此处意味着全国所有区域都全部达成了该项可持续发展目标，需要注意的是，2045年并不一定是该区域全部达成的最早年或最晚年，而是强调该年度该区域某项目标处于全部完成的状态。

(1)如图11-50所示,中国所有区域在二级指标上的达成度评分均高于60分,澳门的评分最高(88.97分),西藏垫底(66.74分)。

(2)中国有11个区域的可持续发展目标达成度评分大于80分,包括澳门、浙江、江苏、台湾、香港、广东、北京、四川、福建、上海、湖北。

(3)中国有3个区域的可持续发展目标达成度评分低于70分,包括甘肃、宁夏和西藏,均属于西部地区。

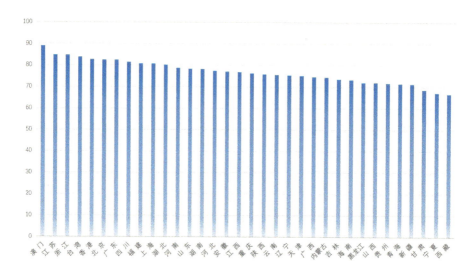

图11-50　中国所有区域二级指标达成度评分

中国可持续发展目标的达成度处于高度变异,有1项目标的变异系数大于1,西部地区可持续发展失衡,中部地区可持续发展相对均衡。

(1)中国有7项目标的变异系数大于全国平均变异系数,其中SDG17(促进目标实现的伙伴关系)的变异系数大于1,表明中国在SDG17可持续发展目标达成度上具有显著的空间差异(如图11-51所示)。

(2)中国没有小变异的可持续发展目标,但有10项目标的变异系数低于0.36,分别是SDG2、SDG3、SDG5、SDG6、SDG7、SDG8、SDG12、SDG13、SDG14、SDG15,中国在这10项可持续发展目标的达成度上变异程度中等。

（3）分别计算中国四大地区的区域变异系数时，东部地区、东北地区和中部地区的平均可持续发展目标达成度均为中等变异，西部地区的平均可持续发展目标达成度属于高度变异，中部地区的小变异指标占比最大、无高度变异指标（如图11-52所示）。

图 11-51　中国可持续发展目标达成度的区域均衡性

图 11-52　中国四大地区可持续发展目标达成度的区域均衡性

第二部分　中澳篇　**203**

（4）东部地区、东北地区和中部地区可持续发展变异系数最高的指标均是SDG10（减少不平等），西部地区可持续发展变异系数最高的指标是SDG17（促进目标实现的伙伴关系）；四大地区可持续发展变异系数最低的指标分别是SDG12（负责任消费和生产）、SDG12（负责任消费和生产）、SDG2（零饥饿）、SDG14（水下生物）。

澳大利亚可持续发展目标综合达成度为57.71%，环境可持续发展最强，中部地区和西部地区在经济、社会和环境层面的分数结构相同。

（1）澳大利亚的地区排名为东北地区＞东部地区＞西部地区＞中部地区[①]，中部地区的可持续发展目标综合达成度低于50%（如图11-53所示），澳大利亚地区间差异大于中国地区间差异。

（2）从一级指标来看，澳大利亚整体的可持续发展能力表现为环境可持续发展优于社会可持续发展、优于经济可持续发展。

（3）澳大利亚东部地区的经济指标达成度最高，东北地区的社会指标达成度最高，而中部和西部地区均是环境指标达成度最高，但关于最低达成度指标，澳大利亚则表现为中部和西部地区的经济达成度最低，东部地区的社会指标达成度最低，东北地区的环境指标达成度最低（如图11-54所示）。

图11-53 澳大利亚四大地区可持续发展能力评分

[①] 澳大利亚西部地区只包含西澳大利亚州一个区域。西澳是澳大利亚行政面积最大的一个州，地广人稀、自然资源丰富，经济主要以畜牧业、采矿业、旅游业为主，其中矿产资源居澳大利亚全国之冠（来源：中国商务部）。

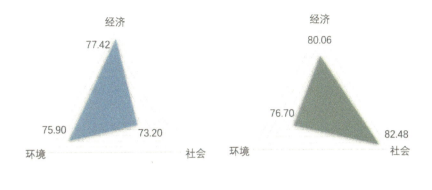

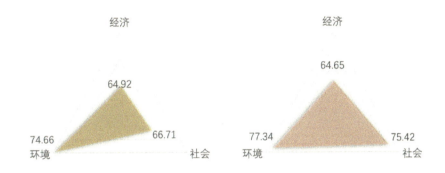

图 11-54 澳大利亚四大地区一级指标综合评分

澳大利亚可持续发展整体偏低,达成度最高的目标是 SDG3,有 3 个目标的达成度不足 50%(中国只有 1 个目标的达成度不足 50%)[①],四大地区可持续发展能力的差异性较大。

(1)如图 11-55 所示,澳大利亚在二级指标上的达成度评分由高到低分别为:SDG3>SDG14>SDG2>SDG5>SDG12>SDG6>SDG13>SDG15>SDG8>SDG17>SDG7>SDG10>SDG11>SDG4>SDG9>SDG1>SDG16。与其他可持续发展目标相比,澳大利亚 SDG16(和平、正义与强大机构)的可持续发展目

---

① 此处是由全国所有区域数据计算得到的平均结果,若该结果显示达成度为 1,则意味着全国所有区域均全部达成,因此该结果表示全国综合情况,而非简单累加。

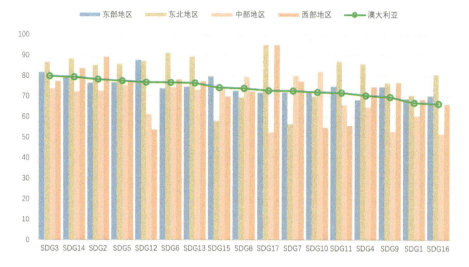

图 11-55　澳大利亚四大地区二级指标达成度评分

标达成度最低（达成度为 42.82%），而在 SDG3（良好健康与福祉）上可持续发展目标达成度最高（达成度为 69.68%）。

（2）澳大利亚在 SDG16 的达成度评分较低，其中中部地区在 SDG16 的达成度只有 13.67%，东北地区的 SDG16 的达成度超过了 70%。澳大利亚在 SDG16 达成度的最低值远低于中国地区的最低值，因此在 SDG16 方面中国拥有比较优势，可见，SDG16 是制约澳大利亚整体可持续发展的重要指标，并且东北地区是提高澳大利亚公检法工作成效的示范地区。

（3）澳大利亚四面环海，所有区域都临近海岸，但澳大利亚四大地区的可持续发展条件（例如地理面貌、气候环境、历史等）并不相同，由此可持续发展差异较大。与其他三个地区相比，东北地区在大多数的可持续发展目标上有着突出的表现。澳大利亚的 SDG2、SDG6、SDG11、SDG14 和 SDG17 的达成度评分高于中国，其中东北地区的贡献最为优异。

澳大利亚可持续发展目标的综合达成度低于中国，有 10 个可持续发展目标的达成度低于中澳两国平均水平，所有区域的 SDG17 预计能按期完成 2030 议程。

（1）如图 11-56 所示，澳大利亚有过半数可持续发展目标的达成度低于中澳两国平均水平，其中，SDG1 若能够保持现有增长率，预计能够在 2045 年全部达成，SDG17 则预计能够按期完成 2030 议程。

（2）澳大利亚有 7 个可持续发展目标的达成度高于中澳两国平均水平，其中 SDG5 预计能在 2045 年全部达成，SDG2、SDG3、SDG12 和 SDG14 预计能在 2060 年全部达成，然而还有 2 个目标全部达成的年限晚于 2060 年。

图 11-56　澳大利亚可持续发展能力标识

澳大利亚昆士兰的可持续发展目标达成度最高，中国领先区域的达成度评分高于澳大利亚领先区域，但澳大利亚落后区域的达成度评分高于中国落后区域。

（1）如图 11-57 所示，澳大利亚所有区域在二级指标上的达成度评分均高于 60 分，全国所有可持续发展目标的综合达成度评分为 73.86，略低于中国的平均达成度评分（76.87 分）。

（2）澳大利亚只有 1 个区域的可持续发展目标达成度评分大于 80 分，昆士兰的评分最高（80.21 分），北领地垫底（66.76 分），说明澳大利亚可持续发展目标达成度最优成绩低于中国可持续发展目标达成度最优成绩，但前者的最差成绩高于后者的最差成绩。

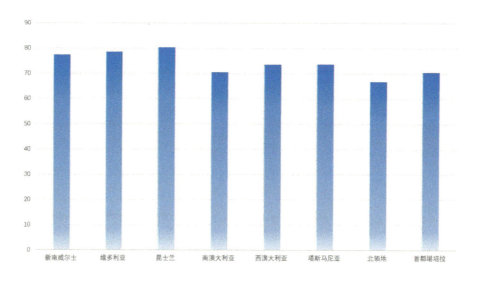

图 11-57　澳大利亚所有区域二级指标达成度评分

澳大利亚可持续发展目标达成度存在高度变异，东部地区可持续发展失衡，澳大利亚可持续发展目标的变异系数大于中国。

（1）澳大利亚有 8 项目标的变异系数大于全国平均变异系数，其中 SDG16（和平、正义与强大机构）的变异系数接近 1，表明澳大利亚在 SDG16 可持续发展目标达成度上具有显著的空间差异；澳大利亚变异系数最小的目标是 SDG2，除中部地区之外，澳大利亚其余三个地区的 SDG2 达成度都超过了中澳两国平均水平。

（2）澳大利亚只有 4 项目标的变异系数低于 0.36（中等变异），分别是 SDG2（零饥饿）、SDG3（良好健康与福祉）、SDG5（性别平等）和 SDG14（水下生物），中澳两国在区域均衡性上中等变异的可持续发展目标具有一定相似性，但中国 SDG3、SDG5 和 SDG14 的均衡性高于澳大利亚，澳大利亚 SDG2 的均衡性高于中国。

（3）考虑澳大利亚四大地区的区域变异系数时，由于东北地区和西部地区只含有一个区域，故舍去对这两个地区进行空间差异分析，东部地区平均可持续发展目标达成度为高度变异，而中部地区的平均可持续发展目标达成度属于中等变异，但需注意中部所含区域数量比东部所含区域数量少。

（4）澳大利亚东部地区和中部地区的区域最高变异系数的指标分别为 SDG16（和平、正义与强大机构）和 SDG12（负责任消费和生产）。东部地区首都堪培拉在 SDG16 的达成度为 0，而新南威尔士和维多利亚的 SDG16 达成度为 1；中部地区南澳大利亚的 SDG12 达成度为 63.10%，北领地的 SDG12 达成度却只有 2.32%。

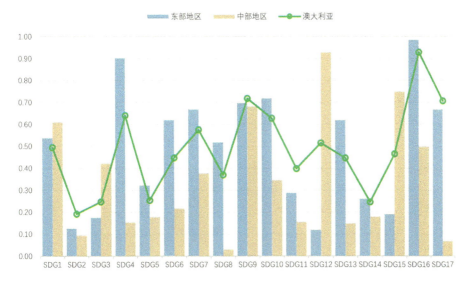

图 11-58　澳大利亚可持续发展目标达成度的区域均衡性[①]

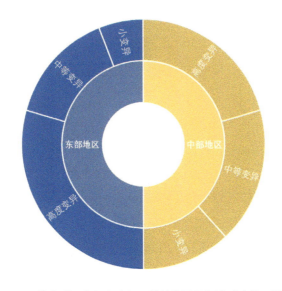

图 11-59　澳大利亚东部和中部可持续发展目标达成度的区域均衡性

---

① 澳大利亚东北地区和西部地区都只含有一个区域，因此舍去这两个地区的空间均衡性计算和分析。

11.3.2 中国可持续发展的优势

中国可持续发展整体进程领先于澳大利亚，中国经济可持续发展最强，并且在12项可持续发展目标上具有比较优势。

（1）中国的可持续发展达成度高于澳大利亚，评分分别为76.87和73.86（如图11-60所示）。

图11-60　中澳可持续发展目标达成度评分对比

（2）从一级指标来看，中国的经济可持续发展优于环境可持续发展、优于社会可持续发展，澳大利亚的环境可持续发展优于经济可持续发展、优于社会可持续发展，中澳两国在社会可持续发展方面较弱，而在经济和社会可持续发展方面彼此互补（如图11-61所示）。

（3）从可持续发展目标的综合评分来看，中国拥有比较优势的可持续发展目标有：SDG1、SDG3、SDG4、SDG5、SDG7、SDG8、SDG9、SDG10、SDG12、SDG13、SDG15、SDG16（如图11-62所示）。

以SDG1为代表的中国脱贫攻坚宏伟事业取得显著成效，对于推进中国、中澳两国甚至全球的社会可持续发展进程具有重大影响。中国脱贫攻坚相关的可持续发展目标还有SDG2、SDG3、SDG4、SDG5、SDG6、SDG9、SDG11、SDG16和SDG17，中国脱贫攻坚不仅解决全国贫困问题，而且在健康（SDG3）、教育（SDG4）、性别平等（SDG5）和清洁的生活环境（SDG6）等社会方面达到了新的水平，同时，中国在SDG8（体面工作和经济增长）和SDG10（减少不平等）等经济方面也拥有比较优势，然而，中国在SDG2（零饥饿）和SDG17（促

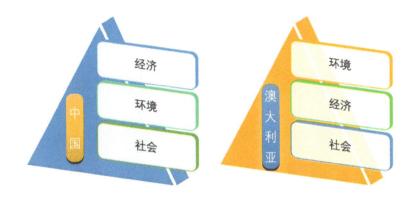

图 11-61　中澳一级指标达成度评分对比

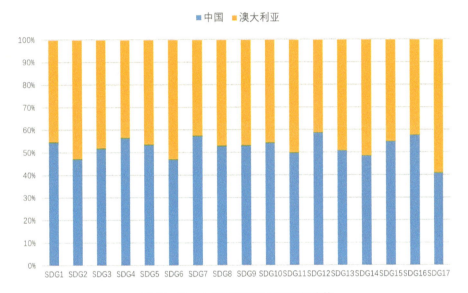

图 11-62　中国可持续发展的比较优势

进目标实现的伙伴关系）等方面的脱贫攻坚成果需要进一步巩固和发展，这两方面恰好是澳大利亚的比较优势目标。

11.3.3　中澳可持续发展重点领域

试点先行，中国澳门发挥龙头作用，12 个区域的可持续发展目标综合达成度大于 70%。如表 11-1 和图 11-63 所示，澳门、浙江、江苏、台湾、香港、广东、北京、四川、福建、上海、昆士兰（澳）、湖北等 12 个区域的可持续发展目标达

表11-1 中澳所有区域可持续发展目标达成度

续表

排名	城市	达成度	SDG1	SDG2	SDG3	SDG4	SDG5	SDG6	SDG7	SDG8	SDG9	SDG10	SDG11	SDG12	SDG13	SDG14	SDG15	SDG16	SDG17
21	重庆	62.59%																	
22	陕西	61.62%																	
23	云南	60.99%																	
24	辽宁	60.68%																	
25	天津	60.37%																	
26	广西	59.11%																	
27	内蒙古	58.72%																	
28	西澳大利亚	57.27%																	
29	吉林	57.21%																	
30	海南	56.41%																	
31	塔斯马尼亚	55.15%																	
32	黑龙江	53.98%																	
33	山西	53.74%																	
34	贵州	53.42%																	
35	青海	52.86%																	
36	新疆	52.74%																	
37	首都堪培拉	50.57%																	
38	南澳大利亚	50.46%																	
39	甘肃	47.10%																	
40	北领地	45.21%																	
41	宁夏	44.57%																	
42	西藏	43.48%																	

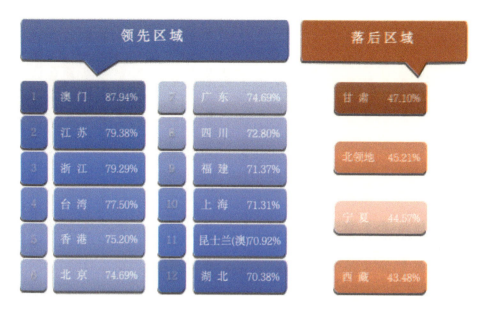

图 11-63 中澳部分区域的可持续发展目标达成度

成度大于 70%。中国澳门 2030 议程可持续发展目标达成度为 87.94%，成为中澳两国 42 个省级（州）行政区中唯一一个可持续发展进程超过 80% 的区域。昆士兰州是澳大利亚唯一一个可持续发展进程超过 70% 的区域。在可持续发展目标达成度方面，中国的长板和短板都比澳大利亚的区域明显，即中国澳门的达成度评分高于澳大利亚昆士兰，但南澳大利亚的达成度评分高于中国西藏。除此之外，甘肃、宁夏、北领地（澳）、西藏等 4 个区域的可持续发展目标达成度小于 50%。

经济领航，中国东部领先可持续发展之路。根据上一节结果，在一级指标方面，中国东部经济指标的达成度最高、澳大利亚西部经济指标的达成度最低，可见，中澳两国在经济可持续发展领域开展合作的前景十分广阔。如图 11-64 所示，中澳两国经济指标的达成度排序为：中国东部＞中国中部＞澳大利亚东北＞澳大利亚东部＞中国西部＞中国东北＞澳大利亚中部＞澳大利亚西部。若中澳两国在未来成为彼此坚实的经济合作伙伴，中国东部地区对于中澳两国国际合作的贡献度将会最高，紧随其后的是中国中部地区和澳大利亚东北地区。

跨域协同，多主体互帮互助，共享发展成果。由上一节区域均衡性的分析结果可知，不同区域关于相同的发展目标有着差异性的表现。对于 17 项可持续发展目标，筛选出能够按期达成 2030 议程的区域和当年度达成度小于 10%（或历史

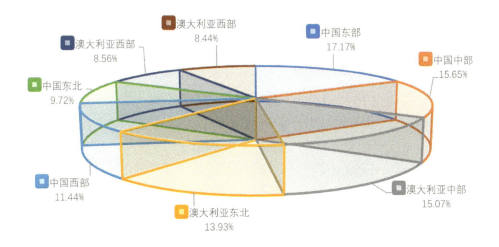

图 11-64　中澳四大地区经济指标达成度的贡献度

发展速率小于 0）的区域，并将前者称为示范区域、后者称为落后区域，得到表 11-2。

（1）纵观全局，中澳两国在 17 项可持续发展目标方面都有着不错的表现，每项目标的示范区域数量均大于落后区域数量。根据表 11-2 所示，中澳两国在 SDG3、SDG5、SDG7、SDG11 和 SDG14 方面没有落后区域，即中澳两国所有区域关于 5 项可持续发展目标的达成度均超过了 50%，表示中澳两国关于健康、性别平等、清洁能源、城市化和海洋生物保护方面取得了整体可观的可持续发展成绩。

（2）在 SDG2 和 SDG8 方面，落后区域均属于中国范围，表现为关于农业生产和经济增长两方面，中国存在着达成度不及百分之一可持续发展进程（或正向着错误可持续发展方向进行）的区域，例如上海的 SDG2 达成度只有 1.93%，贵州的 SDG8 达成度在逐年减小（贵州省生产总值增长率的年均变化率小于 0）。相应地，在 SDG4、SDG6、SDG12 和 SDG15 方面，落后区域都是澳大利亚地区，意味着在教育、清洁饮水、负责任消费和生产以及森林防护方面，澳大利亚部分区域的可持续发展工作仍然有待改进，例如塔斯马尼亚和首都堪培拉 SDG4、北领地的 SDG12 达成度不足 1%，此外，首都堪培拉的 SDG15 历史发展速率小于 0。

（3）相比 2021 年达成度的分析结果，各区域关于 17 项可持续发展目标趋的情况同样需要关注。根据各个目标的年均变化率，发现一个亟需重视的现象：尽管部分区域在 2021 年的可持续发展表现优异，但将其置于变化时间中，这些区域的可持续发展却在倒退。正如前文所述，建议各方机构认识到"守江山"的重要性，保持区域可持续发展稳定向好。例如，在中国区域中，贵州的 SDG8、青海和西藏的 SDG17 历史发展速率都小于 0，更甚者，天津、江苏、浙江、广东、山东、辽宁、黑龙江、湖南、贵州、甘肃、宁夏、新疆 12 个区域的 SDG10 历史发展速率也小于 0；在澳大利亚区域中，西澳大利亚和新南威尔士的 SDG10、首都堪培拉的 SDG15 历史发展速率小于 0。

一个都不落下，中澳两国应特别关注的指标①占比分别为 14% 和 36%。本研究筛选了中澳两国各区域实施进展低于 50% 的指标，并将其集结为一组，组合成为未来应特别关注的领域，得到表 11-3。

（1）根据搜集的数据显示，2021 年中澳两国可持续发展达成度低于 50% 的三级指标共有 15 个，包括基本公共服务财政支出、第一产业就业人员比例、教育经费支出、高等教育人数、污水处理量、人均可获得电量、GDP 增长率、劳动生产率、政府财政社区及住房支出、制造业总营收额、城市化水平、环境污染防治支出、渔业总产值、森林火灾发生次数、人均进出口额。

（2）选取与目标值差距甚远的指标，如表 11-3 所示，描述了各指标的分布情况。可见，所示指标代表了当前中澳两国各区域可持续发展的短板，中国东部和澳大利亚东部没有明显的短板，在该集合所包含的指标中有着均衡的表现，中国中部、中国西部和澳大利亚东北所包含的指标数量较少（3 个），澳大利亚西部可持续发展达成度低于 50% 的目标数量最多（8 个）。

综上，中澳两国四大地区推进可持续发展进程的重点领域分别为：

（1）中国普遍需要提高城市化水平，拓展对外贸易；

（2）中国东北需要提高教育支出和环境治理支出占比，拓展海外贸易，从而提高社会生产力，此外，在经济方面，中国东北亟需提质增效，促进经济的可持续增长；

（3）中国中部的农林渔业的就业人口占比较低，要更加关注农林渔业的就业积极性；

---

① 2021 年可持续发展目标达成度低于 50% 的三级指标。

（4）中国西部受到地理环境的影响，渔业产值的可持续发展目标达成度较低，广西、重庆、四川和云南的渔业产值相对较好；

（5）澳大利亚普遍需要注意森林防火工作[①]，森林火灾的发生是制约环境可持续发展的重要因素；

（6）人均可获得电量间接反映地区经济发展和人民生活水平，澳大利亚东北需要提高电能可及性，进一步促进社会生产；

（7）澳大利亚中部和西部两个地区的基本公共服务财政支出都需要进一步提高，应当加大教育经费的投入，扩大高等教育覆盖面，同时，中部和西部的自然条件较为恶劣，注意生产活动的环境污染治理。此外，中部在制造业发展和对外贸易方面发展不足，西部应增加污水设备设施的使用和地区投放，提高城市化水平。

---

① 2019年9月至2020年3月，澳大利亚发生全国范围山林大火，被称为"黑色夏天"。澳气候理事会统计，过火面积超1100万公顷，摧毁近6000座建筑物，导致至少34人和估计10亿只动物丧生。

表 11-2　中澳关于 17 项目标的可持续发展示范区域及落后区域

可持续发展目标	区域
SDG1	江苏　香港　澳门　北京　上海　浙江　广东　台湾　昆士兰　维多利亚　新南威尔士
	西藏　青海　塔斯马尼亚
SDG2	黑龙江　塔斯马尼亚
	上海
SDG3	天津　吉林　北京　台湾　黑龙江　山西　河南　广西　贵州　云南　西藏　陕西　青海
SDG4	山东　河北　香港　澳门　台湾　四川　贵州　新南威尔士
	塔斯马尼亚　首都堪培拉
SDG5	河北　澳门　河南　北京　天津　山东　香港　辽宁　吉林　山西　贵州　青海　宁夏　昆士兰　西澳大利亚　塔斯马尼亚
SDG6	江苏　澳门　湖北
	首都堪培拉
SDG7	青海　天津　甘肃　塔斯马尼亚
SDG8	上海　首都堪培拉
	贵州
SDG9	江苏　浙江　广东　香港　澳门　河北　江西　维多利亚　新南威尔士
	西藏　海南　青海　北领地　首都堪培拉
SDG10	北京　河北　上海　福建　河南　四川　青海　海南　内蒙古　重庆　云南　西藏　北领地　首都堪培拉
	山东　天津　江苏　浙江　广东　辽宁　黑龙江　湖南　贵州　甘肃　宁夏　新疆　西澳大利亚　新南威尔士
SDG11	上海　浙江
SDG12	湖南　北京　海南　河南　四川　维多利亚　塔斯马尼亚
	北领地

可持续发展目标	区域
SDG13	广东　河北　上海　江苏　浙江　山东　香港　澳门　台湾　山西　安徽　江西　河南　湖南　四川　贵州　维多利亚
	天津　首都堪培拉
SDG14	湖北　湖南
SDG15	北京　浙江　海南　香港　广西　贵州　塔斯马尼亚
	首都堪培拉
SDG16	江苏　浙江　广东　山东　香港　澳门　台湾　北京　河北　上海　福建　辽宁　安徽　河南　湖北　湖南　四川　云南　新疆　昆士兰　维多利亚　新南威尔士
	宁夏　海南　青海　北领地　塔斯马尼亚　首都堪培拉
SDG17	北京　上海　浙江　广东　香港　澳门　台湾　天津　江苏　福建　山东　北领地　昆士兰　维多利亚　新南威尔士　南澳大利亚　塔斯马尼亚　首都堪培拉　西澳大利亚
	青海　西藏　吉林　黑龙江　内蒙古　山西　贵州　云南　甘肃　宁夏　新疆　塔斯马尼亚

注：每个目标的单行对象为示范区域，双行对象为落后区域。

表 11-3 中澳四大地区可持续发展短板

可持续发展目标		中国东部	中国东北	中国中部	中国西部	澳大利亚东部	澳大利亚东北	澳大利亚中部	澳大利亚西部
SDG1: 无贫穷	基本公共服务财政支出								■
SDG2: 零机饿	第一产业就业人员比例								■
SDG4: 优质教育	教育经费支出			■					■
	高等教育人数		■						
SDG6: 清洁饮水和卫生设施	污水处理量								
SDG7: 经济适用的清洁能源	人均可获得电量						■		
SDG8: 体面工作和经济增长	GDP增长率								
	劳动生产率								
SDG9: 产业、创新和基础设施	政府财政社区及住房支出				■			■	
	制造业总营收额								
SDG11: 可持续城市和社区	城市化水平							■	■
SDG13: 气候行动	环境污染防治支出							■	■
SDG14: 水下生物	渔业总产值								■
SDG15: 陆地生物	森林火灾发生次数						■	■	
SDG17: 促进目标实现的伙伴关系	人均进出口额								■

第 12 章　中澳可持续发展之共生与重构

当前，全球正经历着前所未有的百年大变局，新一轮科技革命和产业变革在其中扮演着重要角色，对整体形势产生深远影响——经济全球化的衰退和全球产业链供应链的调整则是深层次的推动力量。此外，国际力量对比的变化和大国之间的博弈也是造成这一大变局的重要因素。面对当前世界大势发生深刻变化的时代背景，中国在"一带一路"倡议下开创互利、共赢、合作的发展之路，将产业链供应链"脱钩断链"之挑战变为"大鹏一日同风起，扶摇直上九万里"之机遇。中国和澳大利亚都是亚太地区的国家，同时也是二十国集团的重要成员，完全有可能成为相互信任、相互成就的伙伴[①]。中澳双方应该抓住机遇、顺应时代潮流，从两国共同利益出发，深化可持续发展领域的合作，并以此为契机使中澳两国的关系朝着正确的发展方向前进。

12.1　可持续发展与"一带一路"倡议的融合

正如习近平主席所说，"从本国优先的角度看，世界是狭小拥挤的，时时都是风险和竞争。从命运与共的角度看，世界是宽广博大的，处处都有机遇和合作"。诚然，全球化发展使得国家之间的命运越来越相互依存，无论是经济、环境、安全还是文化等方面，都需要各国通力合作来应对共同挑战。在当前的国际形势下，中澳两国应树立命运共同体意识，通过加强交流与合作，共同构建开放、包容、互利共赢的国际秩序。通过积极参与全球治理，探索合作共赢的路径，各国可以共同应对全球性问题，提高整体福祉。同时，通过不断加强国际交往和人文交流，推动各国之间的相互理解和友好关系，促进世界持久和平与繁荣的实现。

---

① 中国政府网.习近平会见澳大利亚总理阿尔巴尼斯[EB/OL].(2023-11-06)[2024-2-15].
https://www.gov.cn/yaowen/liebiao/202311/content_6913894.htm?menuid=197.

12.1.1 "一带一路"倡议的提出背景和核心要义

在 2 100 多年前，中国历史上张骞两次出使西域，开辟了一条横贯东西、连接欧亚的陆上"丝绸之路"；在秦汉时代，连接中国与欧亚国家的海上丝绸之路也逐步兴起。陆上和海上丝绸之路共同构成了中国古代与欧亚国家交通、贸易和文化交往的大通道，促进了东西方文明交流和人民友好交往。2013 年 9 月和 10 月，中国国家主席习近平在出访哈萨克斯坦和印度尼西亚时先后提出共建"丝绸之路经济带"和"21 世纪海上丝绸之路"的重大倡议；2015 年 3 月，中国发布《推动共建丝绸之路经济带和 21 世纪海上丝绸之路的愿景与行动》；2017 年 5 月，首届"一带一路"国际合作高峰论坛在北京成功召开。

站在新的历史时期，沿着陆上和海上"古丝绸之路"构建经济大走廊，将给中国以及沿线国家和地区带来共同的发展机会，拓展更加广阔的发展空间。共建"一带一路"是中国政府根据国际和地区形势深刻变化以及中国发展面临新形势和新任务的战略构想，旨在维护全球自由贸易体系和开放型经济体系，促进沿线各国加强合作、共克时艰和共谋发展。近年来，共建"一带一路"倡议得到了越来越多国家和国际组织的积极响应，受到国际社会广泛关注，影响力日益扩大。2016 年 11 月，联合国 193 个会员国协商一致通过决议，欢迎共建"一带一路"等经济合作倡议，呼吁国际社会为"一带一路"建设提供安全保障环境。2017 年 3 月，联合国安理会一致通过了第 2344 号决议，呼吁国际社会通过"一带一路"建设加强区域经济合作，并首次载入"人类命运共同体"理念。截至 2023 年 6 月底，中国与五大洲的 150 多个国家、30 多个国际组织签署了 200 多份共建"一带一路"合作文件，形成一大批增强民生福祉和深化国际合作的项目[①]。世界银行报告显示，共建"一带一路"，使参与方贸易增加 4.1%，外资增加 5%，使低收入国家 GDP 增加 3.4%，并预测到 2030 年，共建"一带一路"每年将为全球产生 1.6 万亿美元收益，占全球 GDP 的 1.3%[②]。

共建"一带一路"旨在促进区域经济合作和互联互通，连接着联合国《2030 议程》，强调经济、社会和环境的平衡。"一带一路"的核心要义是走经济、社会、

---

① 中国政府网. 推进高质量共建"一带一路"行稳致远 [EB/OL].(2023-10-11)[2024-02-15]. https://www.gov.cn/yaowen/liebiao/202310/content_6908307.htm.
② 中国贸易报. 以"一带一路"建设融入全球供应链重构 [EB/OL].(2023-09-12)[2024-02-15]. https://www.ccpit.org/a/20230912/20230912b4bj.html.

环境协调发展之路，旨在消除制约发展的根源和障碍，增强共建国家自主发展的内生动力，推动各国实现持久、包容和可持续的经济增长，并将可持续发展理念融入项目选择、实施、管理等各个方面。首先，"一带一路"倡议将加强区域合作和资源共享，促进参与国家的经济发展，进而为可持续发展提供更多的经济机会和资源，为减贫、教育、健康等社会发展领域提供支持。其次，"一带一路"倡议强调互联互通和基础设施建设，为可持续发展创造更好的条件。同时，"一带一路"还将加强能源合作和推动清洁能源发展、合作共赢和多元文化交流，以应对气候变化和环境污染等全球环境问题，有助于增进参与国家之间的相互理解和友好合作，为可持续发展提供有力支持。2023年，中国企业在"一带一路"共建国家非金融类直接投资2 240.9亿元人民币，比上年增长28.4%（以美元计为318亿美元，增长22.6%）[①]。

共建"一带一路"，国际合作和共同努力是关键。2017年3月22日，中国国务院总理李克强访问澳大利亚，围绕经济、贸易、科技、教育、旅游等领域进行广泛交流并签署一系列深化双边合作的协议，中澳双方表示希望未来将中方的"一带一路"倡议与澳方的"北部大开发"计划进行对接[②]。2019年10月23日，中方与澳大利亚维多利亚州签署《中华人民共和国国家发展和改革委员会与澳大利亚维多利亚州政府关于共同推进"一带一路"建设框架协议》。然而，"一带一路"也面临一些挑战，如不平衡的经济发展、环境保护的压力和社会影响等。因此，在推进"一带一路"的同时，也需要重视可持续发展的理念和原则，注重环境保护、社会公正和经济可持续性。

12.1.2 以"一带一路"建设融入可持续发展合作

世界银行前首席经济学家和诺贝尔经济学奖得主Joseph Stiglitz指出，衡量方式影响发展方式。中国正在朝着追求高质量发展的方向转变，在强化生态文明建设方面，不再仅仅追求GDP增速的简单标准，而是将"绿水青山就是金山银山"理念融入其中。这一转变不仅需要产业结构的升级改革，也需要每一个经济个体在

---

① 中国人民共和国商务部.2023年我对"一带一路"共建国家投资合作情况[EB/OL].(2024-01-29)[2024-02-15].http://www.mofcom.gov.cn/article/tongjiziliao/dgzz/202401/20240103469619.shtml.
② 该计划的澳北部地区包括北领地区全境和昆士兰州、西澳大利亚州北部地区。

整个经济体系中的转型。同时，这一转变还需要相关基础设施、金融体系、政策机制以及社会治理的相应支持和配套。

中国和澳大利亚自1972年建交以来，在中澳双方各界人士的共同努力下，中澳两国在务实合作领域实现了优势互补。2021年中澳货物贸易额为2 658.8亿澳元，是中澳建交时的1 350多倍，中国连续13年是澳大利亚第一大贸易伙伴[①]。澳大利亚也是中国对外投资的主要目的地之一，截至2021年末，中国对澳大利亚直接投资存量为344.3亿美元，为澳大利亚第五大直接投资来源地[②]。2024年1月29日，澳大利亚农业、渔业和林业部发布《农产品、水产品、林业产品对中国等市场出口报告2022-2023》，中国仍然是澳大利亚最大的单一出口市场[③]。此外，中国企业积极参与共建"一带一路"、积极融入全球产业链供应链、积极开展国际合作与竞争。2023年度美国《工程新闻纪录（ENR）》"全球最大250家国际承包商"榜单发布，共有81家中国企业入围2023年度"全球最大250家国际承包商"，中国继续蝉联榜首。

中国"一带一路"倡议提出了深化国际合作、促进互联互通和共同繁荣的目标。在这个框架下，中国和澳大利亚可以进行以下领域的合作（如图12-1所示）：

基础设施建设
"一带一路"倡议的核心是推进基础设施互联互通。中国和澳大利亚可以共同开展基础设施建设合作，包括交通、能源、通信等领域。这将有助于加强两国之间的贸易和投资合作，并促进亚太地区的互联互通。

能源合作
中国和澳大利亚都是能源产出大国，合作开发和利用能源资源可以实现互利共赢。中国对澳大利亚的液化天然气和煤炭等能源资源需求量大，澳大利亚可以通过"一带一路"倡议与中国加强能源合作，包括能源供应、清洁能源技术合作等领域。

贸易和投资
中国和澳大利亚都是全球贸易重要参与者，在贸易和投资领域的合作具有巨大潜力。澳大利亚可以利用"一带一路"倡议提供的机遇，积极参与中国的贸易和投资合作，进一步加强两国之间的经贸关系。

环境保护
在"一带一路"建设中，环境保护是一个重要的议题。中国和澳大利亚可以开展环境保护合作，加强环境监测与治理，推动可持续发展和生态保护。

人文交流
"一带一路"倡议鼓励各国之间的人文交流与合作。中国和澳大利亚可以加强教育、文化、旅游等领域的交流与合作，促进两国人民之间的相互了解和友谊。

图12-1 "一带一路"倡议框架下中澳深化国际合作的领域

---

① 数据来源：中国海关．
② 数据来源：中国商务部．
③ 中国人民共和国商务部．澳大利亚发布农水产品等对中国等市场出口报告[EB/OL]．(2024-01-31)[2024-02-15]．http://chinawto.mofcom.gov.cn/article/jsbl/dtxx/202401/20240103470262.s html．

1. 基础设施建设

"一带一路"倡议的核心是推进基础设施互联互通。中国和澳大利亚可以共同开展基础设施建设合作，包括交通、能源、通信等领域。这将有助于加强中澳两国之间的贸易和投资合作，并促进亚太地区的互联互通。

2. 能源合作

中国和澳大利亚都是能源产出大国，合作开发和利用能源资源可以实现互利共赢。中国对澳大利亚的液化天然气和煤炭等能源资源需求量大，澳大利亚可以通过"一带一路"倡议与中国加强能源合作，包括能源供应、清洁能源技术合作等领域。

3. 贸易和投资

中国和澳大利亚都是全球贸易重要参与者，在贸易和投资领域的合作具有巨大潜力。澳大利亚可以利用"一带一路"倡议提供的机遇，积极参与中国的贸易和投资合作，进一步加强两国之间的经贸关系。

4. 人文交流

"一带一路"倡议鼓励各国之间的人文交流与合作。中国和澳大利亚可以加强教育、文化、旅游等领域的交流与合作，促进两国人民之间的相互了解和友谊。

5. 环境保护

在"一带一路"建设中，环境保护是一个重要的议题。中国和澳大利亚可以开展环境保护合作，加强环境监测与治理，推动可持续发展和生态保护。

中澳两国务实合作不仅助力中国的改革开放和经济社会发展，也对澳大利亚的矿业、农业、教育和旅游等领域的繁荣发展起到了积极的推动作用。在多次全球和地区经济金融危机中，这种合作也为澳大利亚提供了宝贵的支持，帮助其平稳度过了这些危机。尤其是中国和西澳大利亚州的矿石和能源贸易成为中澳两国互利共赢的典范。中国不仅是西澳大利亚州最大的铁矿石出口市场，也是西澳大利亚州第二大的油气出口市场和第三大的金产品出口市场[①]。这种贸易不仅促进了中国相关行业的发展，还为西澳大利亚州甚至整个澳大利亚带来了巨大的贸易顺差，为财政收入和就业机会作出了重要贡献。

---

① 中国网.建构中澳"一带一路"务实灵活的合作框架[EB/OL].(2019-10-29)[2024-02-15]. http://views.ce.cn/view/ent/201910/29/t20191029_33461199.shtml.

12.2 可持续发展在全球供应链中的角色和机遇

可持续供应链（sustainable supply chain）就是具有可持续发展能力的供应链，涵盖绿色供应链、低碳供应链等概念，覆盖供应链全员、全程和全环节。可持续供应链不仅融入了可持续发展理念，从单纯追求供应链全局利益拓展到叠加供应链长远利益，而且更加关注每一个供应链成员的鲁棒性和可持续发展能力。

12.2.1 全球供应链重构的趋势

近年来，全球贸易面临着来自贸易保护主义和单边主义的挑战。这些政治倾向的兴起，加之新冠疫情的爆发以及中美贸易摩擦的影响，已经或即将对全球供应链产生重要影响。同时，技术创新、可持续发展理念等也在影响着全球供应链的重构。在供应链安全、技术创新、可持续发展理念等多重因素的叠加下，全球供应链面临着前所未有的不确定性和发展压力，正在经历着前所未有的重构与变革时期。

企业和国际组织在重新评估风险和机遇时，倾向寻求更加灵活和弹性的供应链模式，以适应这种新的全球经济环境下的挑战。例如，跨国公司加速多元化布局、增加供应链的灵活性，包括多元化采购、缩短供应链等。2021年6月，美国发布供应链百日报告——《建设弹性供应链，振兴美国制造业，促进广泛增长》，重点分析了供应链风险、全球分布、机遇和挑战（如图12-2所示）。美国供应链百日

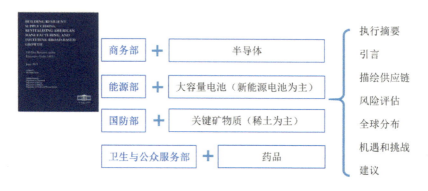

图 12-2 美国供应链百日报告基本框架[①]

---

① 林度空间.中国供应链韧性重塑策略探索[EB/OL].(2021-12-12)[2024-02-15].https://mp.weixin.qq.com/s/uyiGcF93VomFd2zET_lwlQ.

报告，不仅证实技术密集型产业全球布局的复杂性、竞争的残酷性，而且证实供应链作为国家战略不可或缺的重要地位。

诚然，世界各国在全球价值链的位势差大小决定了其在全球供应链的控制力强弱。关键核心技术作为一种内驱动力，其掌控情况对于全球供应链中断风险的影响是显著的。例如，美国利用霸主地位对中国企业华为实施市场打压和技术打压[①]。尽管中美贸易只是全球供应链当中的某个环节，但链中成员不可避免地受到积极或消极的影响，这种"链式反应"使得各国愈发重视对自身供应链地位的投资及保护。在最新的研究中，有学者聚焦来自全球供应链成员内源性断供风险，重点分析成员企业自主研发与应对技术断供风险的作用关系，研究结果表明，关键核心技术断供和自主研发投资对双方都是一把双刃剑[②]。该项研究从关键核心技术的角度提出了技术断供是一种"皮洛士式的胜利"：第一，当技术持有国发起断供时，断供在对他国造成损失的同时，可能会使自身损失更多的利润，第二，被断供国积极探索自主研发投资在一定程度上可以降低由于技术中断风险而产生的紧迫性，并削弱发起技术中断的竞争对手的绝对控制。

中国"一带一路"倡议和全球供应链重构都着眼于推动全球经济的发展与合作。"一带一路"倡议通过构建互联互通的经贸网络，为全球供应链重构提供了基础设施和市场机遇。同时，全球供应链重构也可以为"一带一路"沿线国家的经济发展与合作提供更加稳定和高效的供应链支持。在过去十年间，共建"一带一路"为中国企业进行国际产能合作开辟了新途径。据统计，截至2022年底，中国企业在沿线国家建设的境外经贸合作区累计投资达571.3亿美元，为当地创造了42.1万个就业岗位。在首届中国国际供应链促进博览会的旗舰报告——《全球供应链促进报告》中，构建了全球供应链促进体系，包含基础设施互联互通、多双边经贸规则、主要经济体国内政策、技术进步、金融服务等五个维度[③]，这一体系与"一带一路"倡议的执行层不谋而合。

---

① 百家号.美国芯片断供危机下,中兴和华为该如何应对？[EB/OL].(2023-05-04)[2024-02-15]. http://u6v.cn/6wV2ye.
② Chang X, Sun G, Zhou J, et al. Technology outage risk and inde-pendent research and development investment decision in global supply chains[J]. Fundamental Research, 2023, https://doi.org/10.1016/j.fmre.2023.06.004.
③ 中国政府网.《全球供应链促进报告》发布：中国为全球供应链开放合作提供四大机遇 [EB/OL].(2023-12-05)[2024-02-15].https://www.gov.cn/yaowen/liebiao/202312/content_6918474.htm.

1. 市场互联互通

中国"一带一路"倡议的核心理念之一是推动沿线国家之间的市场互联互通，通过建设基础设施、改善贸易和投资便利化等措施促进跨境贸易。全球供应链重构的共同目标是在当前全球贸易形势下，通过重新配置和优化全球供应链，实现更加稳定和高效的物流和价值链。"一带一路"倡议的推进可以为全球供应链重构提供重要的基础设施支撑和市场机遇。

2. 跨境投资与合作

"一带一路"倡议鼓励中国企业走出去，扩大对外投资与合作，促进沿线国家的经济发展。全球供应链重构注重建立更加稳定和可靠的供应链网络，通过多样化的合作伙伴关系实现供应链的有效运作。"一带一路"倡议的实施为国内企业投资和加强与沿线国家的合作提供了机会，并可以促进更加全球化的供应链合作模式。

3. 区域合作和多边机制

"一带一路"倡议倡导构建开放、包容、合作、共赢的区域合作机制。全球供应链重构也需要通过区域和国际合作来推进。随着"一带一路"伙伴国家的增多，将能够为全球供应链重构提供更多的合作机会，促进区域和国际合作机制的建立和发展。

综合来看，"一带一路"倡议需要平衡经济增长与环境保护的关系，确保投资项目符合环境和社会可持续性的标准。在全球供应链重构中，需要解决资源不平衡和贸易不稳定等问题，避免资源竞争和环境破坏，以可持续发展理念提升全球供应链竞争优势。

12.2.2 可持续供应链的目标场景

可持续发展理念与供应链深度融合源于两个重要契机，一是由于供应链大规模消耗资源，它们在全球碳排放量中所占比例过高，所以以增强供应链可持续发展能力、培育低碳供应链为目标，开始推行减少碳排放、加大可再生能源使用、促进循环经济发展等行动；二是全球经济面临诸多不稳定因素，为维持供应链稳定性、避免供应链中断，越来越多的供应链开始建立一个涵盖环境（environmental）、社会（social）和企业治理（corporate governance）三个ESG要点的可持续发展路线图，要求供应链成员遵守环保和道德规范并确保供应链透明度。可持续供应链的目标场景如图12-3所示，具有低碳、低浪费、高责任心和高透明度等四大特征[①]。

图12-3　可持续供应链的目标场景

1. 低碳

在低碳目标驱动下，供应链成员能够置身于绿色供应链、低碳供应链建设之列，致力于减少碳排放、加大可再生能源使用、促进循环经济发展（如图12-4所示）。通过减少碳足迹、降低能耗、提高能效等措施减少碳排放，通过推动能源结构低碳化转型、提升可再生能源使用效率、提供绿色源动力等措施加大可再生能源使用，通过优选环保材料和绿色环保包装、提升产品耐用性、加大废弃物回收利用等措施促进循环经济发展。

---

① 林度空间.可持续供应链的场景创造[EB/OL].(2022-11-06)[2024-02-15].https://mp.weixin.qq.com/s/0A01HZdwYteUbgOt6Gi09w.

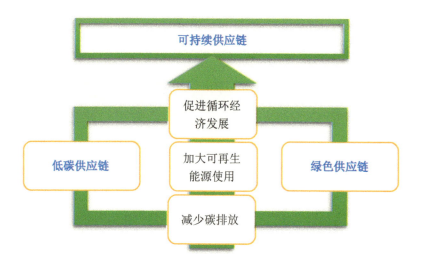

图 12-4 可持续供应链的低碳化措施

2. 低浪费

在供应链运营过程中，倡导厉行节约、反对铺张浪费，推进各类资源节约集约利用，推行简约适度、绿色低碳的运营模式。供应链通过信息、资源和能力整合，能够更精准地利用信息、更精益地调度资源、更精确地运用能力，以标准化、集约化和集成化运营提高效能、减少浪费。随着供应链数字化、智能化发展进程的加快，供应链可视化、可感知和可调节能力的提高，为供应链减少浪费提供了良好的技术基础和运营环境。

3. 高责任心

供应链成员企业的社会责任心不仅影响供应链可持续性，而且深刻地影响着供应链竞争优势，因此一个可持续供应链必须考虑提高成员企业的社会责任心和企业治理能力，将供应链成员企业的社会保障、道德规范和企业管理能力纳入选择评价体系。履行好企业社会责任是一项艰巨而富有挑战性的工作，可以引入ESG 绩效评价促进企业关注绿色环保要求、履行好社会责任。

4. 高透明度

面对可持续供应链发展进程中普遍存在的"飘绿"问题，政府、客户和投资者都会要求供应链成员企业提供符合可持续发展要求和 ESG 标准的证明文件，用数据清晰、透明地展示企业在促进可持续发展、履行社会责任等方面的贡献。ESG 框架要求供应链成员企业高度透明化、提供严谨的数据支撑，必将迫使供应链成员企业增强每一项业务的可视化、可追溯、可信任能力。

12.2.3 "三段式"可持续发展路径

可持续供应链孕育在可持续发展的生态环境之中,需要经历起点后的成长阶段、拐点后的成熟阶段,才能进入光点后的可持续阶段。供应链起点、拐点和光点是可持续供应链发展路径上三大关键点,起点决定了供应链生长力,拐点决定了供应链生长势,光点决定了供应链生长度,可谓供应链诞生聚能、生长取势、持久辉煌的"焦点"(如图12-5所示)[①]。

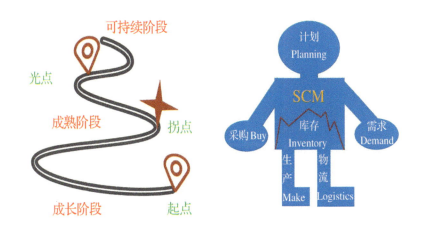

图 12-5 "三段式"发展路径

可持续供应链遵循"三段式"发展路径,从供应链颠覆的起点开始,供应链逐步积累自适应和自修复能力,经过实践的历练而进入成长阶段;然而,正常运营的供应链仍然会遭受灾难性冲击,在供应链弹性的拐点承受检验,只有起死回生的供应链才能进入成熟阶段;在可持续目标驱动下,供应链到达可持续供应链的光点,进入可持续阶段。

1. 起点:供应链颠覆

供应链的形成是一种必然,它孕育在特定的市场环境之中。供应链能否破茧而出获得生长力取决于供应链颠覆,这个诞生聚能的"焦点"就是起点。戴尔计算机

---

① 林度空间. 可持续供应链发展路径探析[EB/OL]. (2023-09-17)[2024-02-15]. https://mp.weixin.qq.com/s/PHJ5KDZqpgWiRIjfL2jpPg.

公司由迈克尔·戴尔创立于1984年，经过9年的探索，戴尔公司将经营策略从"追求最大的生产量"转向"资本流动性、利润率和增长性"。从此，戴尔公司迈向世界排名第一的计算机系统公司、计算机产品及服务首要提供商之路。美国学者克莱顿·克里斯坦森正是以转型期的戴尔公司为例提出了"供应链颠覆"概念[①]，以生动的故事描述了戴尔供应链形成演化的过程。人们在理解供应链颠覆概念的同时，不禁要问"供应链颠覆究竟颠覆了什么？"

（1）产业链结构颠覆

华硕电脑公司创立于1989年，是当前全球第一大主板生产商。戴尔公司当年将电路板、主板、电脑装配等业务外包给华硕公司，正是看中其雄厚的生产能力。戴尔公司通过业务外包将纵向一体化的产业链演化成横向一体化的供应链，戴尔公司和华硕公司在业务外包中实现了双赢。戴尔公司产业链结构演化过程如图12-6所示。

图12-6 戴尔公司产业链结构演化过程

（2）供应链结构颠覆

在新的经营策略驱动下，戴尔公司的业务外包持续推进，华硕公司的业务从电脑装配转向管理供应链、管理供应链＋电脑设计，华硕公司成为名副其实的电脑制造商，戴尔公司也从制造商转为名副其实的品牌商。戴尔公司和华硕公司角色的变化，使戴尔公司供应链转变成"制造商＋品牌商"的双核心企业结构。戴尔公司供应链结构演化过程如图12-7所示。

---

① 克莱顿·克里斯坦森, 杰罗姆·格罗斯曼, 黄捷升. 创新者的处方：颠覆式创新如何改变医疗 [M]. 朱恒鹏, 张琦, 译. 北京：中国人民大学出版社, 2016.

图 12-7　戴尔公司供应链结构演化过程

（3）价值链结构颠覆

戴尔公司经营策略的变化本质上是价值输出导向的变化，使转型发展中的戴尔公司通过业务外包颠覆了公司的价值链结构。在戴尔公司和华硕公司形成的新价值链中，华硕公司由生产向售前/售后服务方向移动，相比于传统的戴尔公司的价值链价值增值能力更强，研发/设计和售前/售后服务的附加值更大。戴尔公司价值链结构演化过程如图 12-8 所示。

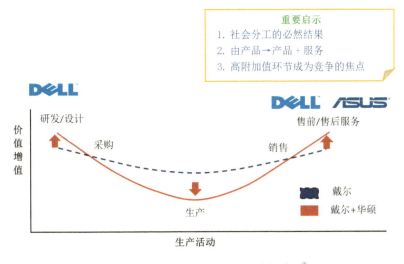

图 12-8　戴尔公司价值链结构演化过程①

---

① 根据文献修改整理 Veugeler R. Manufacturing Europe's future. Bruegel Blueprint Ser 21. Bruegel, Brussel. Belgium, 2013.

经过坚持不懈的努力，戴尔公司保持了资本流动性、利润率、增长性的平衡，但也迎来了个人电脑需求急剧下滑的新市场格局，迫切需要以新模式替代曾经创造个人电脑销售神话的"直销模式"，经过广泛的市场调研，戴尔公司率先开启了旨在打造计算机硬件产业"沃尔玛"的"多元化模式"。

面对生成式人工智能（GenAI）的快速发展，戴尔公司与英伟达合作推出了新的生成式人工智能解决方案，可供客户设置对大型语言模型的访问并创建生成式人工智能项目。激发人类潜能不仅是技术的终极意义，也是戴尔公司所做一切的源动力。可见，蕴含人类无限潜能的市场需求才是颠覆产业链结构、供应链结构和价值链结构的真正源动力。

2. 拐点：供应链弹性

由于风险存在的客观性，供应链难免会遭受灾难性冲击。供应链能否度过此劫获得生长势取决于供应链弹性，这个生长取势的"焦点"就是拐点。尽管近年来供应链韧性和供应链弹性概念高频出现，但是仍然需要从原理上阐释其基本概念的内涵。如图 12-9 所示，供应链韧性指受到冲击后仍能保持性能不变的属性（$0 \sim t_0$），供应链弹性则是指受到冲击后性能发生变化但能迅速恢复到原有状态的能力（$0 \sim t_0+T$），可见供应链弹性包含了供应链韧性。

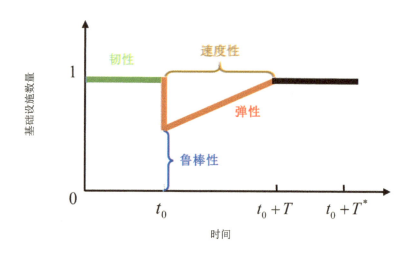

图 12-9 供应链韧性和供应链弹性

（1）供应链韧性

供应链韧性之所以更加备受瞩目是因为相应的供应链能够承受风险的冲击，能够保持原有的性能不变而正常运营。问题的关键在于，在经济全球化背景下有哪些全球供应链能够具有这些属性？由于技术密集型产业存在产业链悖论，所以技术密集型产业全球供应链韧性较低，难以承受国际断链风险的冲击；劳动密集型产业不存在产业链悖论，所以劳动密集型产业全球供应链韧性较高，能够承受国际断链风险的冲击。因此，不同产业可以采取不同的供应链韧性塑造策略（如图12-10所示）。

图12-10 不同产业分类施策

（2）供应链弹性

相对于供应链韧性，供应链弹性需要支付用于填补弹性三角形所消耗资源的成本，并时刻做好供应链中断后的自修复工作。供应链弹性塑造的常见策略，主要有增加冗余、提高柔性和改变公司文化[1]，无不意味着需要提高信息、资源和能力的准备状态，以增强供应链强链和补链能力（如图12-11所示）。在现实环境中，供应链强链和补链就是增强供应链抵御外部冲击时的自适应能力和发生中断后的自修复能力，以良好的准备状态及时有效地做好预防与应对。

---

[1] Sheffi Yossi. Building a resilient supply chain[J]. Harvard business review, 2005, 1(8):1-4.

图 12-11　供应链强链和补链

供应链韧性和供应链弹性都是描述供应链抵御风险冲击能力的属性，韧性侧重于中断前的能力塑造，弹性侧重于中断后的能力塑造。从国家战略上提升产业链供应链韧性和安全水平，一方面就是要整体上提高供应链产品和服务质量，增强供应链不可替代的核心竞争力；另一方面，就是要提高供应链上下游的地理多样性，以"风险区域+1"战略增强供应链规避风险能力，并在国内做好可替补的上游或下游节点，增强供应链可持续运营能力。

3. 光点：供应链可持续性

供应链在灾难性冲击中实现凤凰涅槃、浴火重生，进入成熟阶段而迈向光点。供应链能否赓续辉煌获得生长度取决于供应链可持续性，这个持久辉煌的"焦点"就是光点。供应链可持续性是可持续供应链的基本属性，用于描述供应链与环境、社会和经济协调发展的能力，成为驱动供应链进入可持续阶段的源动力。

（1）供应链可持续性

结合联合国全球契约组织（United Nations Global Compact，UNGC）关于供应链可持续性的定义，研究认为供应链可持续性是指通过有效的管理与治理实践，供应链在整个产品和服务生命周期内所呈现的与环境、社会和经济协调发展的能力（如图12-12所示）。供应链可持续性的目标在于提高供应链创造环境、社会和经济价值的能力，提高供应链及其产品和服务满足环境、社会和经济可持续发展的能力。

图 12-12 供应链可持续性

供应链可持续性塑造需要每一个供应链成员都能以可持续发展为目标，努力增强与环境、社会和经济协调发展的能力，共同为"资源节约型，环境友好型"社会创造生态价值。供应链可持续性不仅取决于产品和服务的竞争力、生命力，而且取决于供应链成员之间关系的持久性、和谐度，强调供应链与自然、人与自然和谐共生。

（2）供应链可持续技术

全球最具权威的信息技术研究咨询公司——高德纳公司（Gartner），将可持续技术（sustainable technology）列入 2023 年十大战略技术趋势。可持续技术是一个综合的解决方案，集产业链、供应链和价值链"三链"深度融合的全生态价值网络，以更具创新性的可持续技术架构提高能源和材料效率，通过可追溯性、可再生能源和人工智能等技术助力企业可持续发展。在可持续技术推动下，供应链向着低碳、低浪费、高责任心、高透明度的理想目标演进（如图 12-13 所示）。

供应链可持续技术致力于展示供应链成员的社会责任、提高产品和服务的品质、最大限度地减少对环境的影响，致力于提高供应链弹性、敏捷性和可持续性，推动清洁经济绿色高质量发展。联合国《2030 议程》与中国"30·60 目标"高度契合，可以作为衡量供应链可持续发展的重要参照系，以可持续性、环境保护、社会责任和公司治理等指标评估可持续供应链。

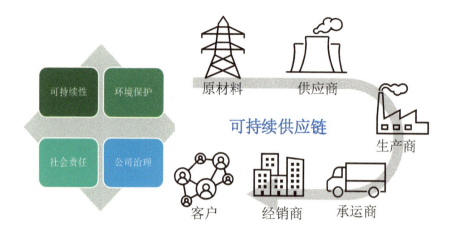

图 12-13 可持续供应链

可持续供应链"三段式"发展路径,不仅有助于展现供应链从"禾苗"到"新绿"和"长青"的可行路径,而且能够揭示供应链可持续发展的潜能和技术需求。进入可持续阶段的供应链,将全程渗透可持续发展的理念、绿色消费的观念和未来更加美好的信念,助力子孙后代永续发展、安居乐业。供应链可持续发展关键在发展,以新理念、新观念、新信念坚持发展。

12.3　中澳可持续发展合作蓝图

共建"一带一路"与联合国《2030 议程》的理念、措施和目标高度契合,既是中国进一步扩大开放的重要举措,旨在促进更高质量的发展,也是中国为解决全球发展难题提出的方案,推动各国共同实现现代化目标,推动更加有活力、包容、可持续的经济全球化进程,让发展成果更加普惠地惠及全球各国人民。

12.3.1　可持续型经贸

随着全球供应链的调整和优化,不仅将为各国的经济发展提供新的机遇,也将推动全球经济格局的重塑与升级,将带来全新的供应链模式和合作方式。总的来说,通过重新配置和优化全球供应链,可以实现更加稳定和高效的物流和价值链,提高物流效率和资源利用效率,降低环境影响,减少资源消耗和废物产生,促进绿色和循环经济的发展。例如，通过推动可再生能源和节能技术的应用（SDG7），可以减少对非可再生能源的需求，降低碳排放（SDG13）；推动企业寻找更加可持续和高效的供应链合作伙伴（SDG17），鼓励企业转向更环保和可持续的生产和消费方式（SDG12），从而推动绿色技术和创新的应用（SDG9），推动可持续发展。

在面对全球产业链重组和美国保护主义、单边主义所带来的不确定性时，中国拥有独特的优势，使其能够积极迎接这些挑战。第一，中国具有全球最大的内需市场，中国有14亿人口，中等收入群体超过4亿，是全球最具潜力的大市场[1]；第二，中国具有全球最完整的产业体系和产业链，拥有41个工业大类、207个工业中类、666个工业小类，是全世界唯一拥有联合国产业分类中全部工业门类的国家[2]；第三，中国在全球产业链、供应链、价值链的地位不断上升，例如，中国掌握5G高速无线互联网设备和服务的关键技术优势，在新能源开发、新能源汽车、智能电网、轨道交通等领域的产能上处于领先地位。中国长期保持澳大利亚第一大贸易伙伴、出口市场和进口来源地，中澳两国对于推进经济可持续发展目标一致且优势互补。在中国发展高层论坛2018经济峰会上，澳大利亚前总理陆克文表示："欧亚大陆需要大量的基础设施投资，我没有看到其他国家愿意主动提供资金来建设，但是中国却在做。"21世纪以来，澳大利亚保持正增长和低失业率，避免了2008开始的全球金融危机的严重破坏，其中一个主要原因是中国经济规模的迅速扩大对澳大利亚资源矿产的需求[3]。

中澳两国深化合作可为双边创造新的经济增长机会，澳大利亚拥有丰富的自然资源和先进的技术实力，中国则具有庞大的市场和强大的制造能力（SDG9），通过加强贸易合作（SDG17）、技术转移和研发合作（SDG9），双方可以共同开发和推广可持续能源、清洁技术和环境保护产品（SDG7），促进就业和经济增长（SDG8），实现互利共赢。

根据第11章分析结果，整体上中国在经济指标的可持续发展达成度要高于澳

---

[1] 中华人民共和国商务部.习近平在第三届中国国际进口博览会开幕式上发表主旨演讲（全文）[EB/OL].(2020-11-04)[2024-02-15]. http://www.mofcom.gov.cn/article/ae/ldhd/202011/20201103013325.shtml.

[2] 中华人民共和国国家发展和改革委员会.我国制造业国际竞争力显著增强创新能力明显提升[EB/OL].(2021-09-27)[2024-02-15]. https://www.ndrc.gov.cn/fggz/cyfz/zcyfz/202109/t20210928_1297876.html.

[3] 中国经济网.建构中澳"一带一路"务实灵活的合作框架[EB/OL].(2019-10-29)[2024-02-15]. http://views.ce.cn/view/ent/201910/29/t20191029_33461199.shtml.

大利亚，说明中澳两国在经济领域开展可持续发展合作的潜力无限。在经济可持续发展相关目标中，SDG12（负责任消费和生产）是中国的比较优势目标，其综合达成度高达 90%，有 32 个区域的 SDG12 达成度超过半程；另一方面，澳大利亚在 SDG17（促进目标实现的伙伴关系）方面取得了远超中国的成绩。基于这两个数据事实，可以提出以下途径和建议，以促进中澳两国在经济领域的可持续发展合作。

1. 促进贸易合作

考虑到澳大利亚的高人均进出口额，中澳两国可以进一步加强贸易合作，通过扩大贸易规模和范围，促进经济增长。双方可以加强贸易投资便利化，减少贸易壁垒和非关税措施，提高进口和出口的便利性。

2. 技术和知识转移

鉴于澳大利亚的较高 GDP 增长速度，中澳两国可以在技术和知识转移方面展开合作。澳大利亚可以分享其在可持续能源、环境保护和绿色技术等领域的经验和技术优势，帮助中国在可持续发展方面取得更好的成就。

3. 研发合作

中澳两国可以共同开展研发合作，推动可持续发展领域的创新和技术突破。通过共同研究和开发可持续能源、清洁技术和环境保护等领域的关键技术，促进双方的经济增长和可持续发展。

4. 智力和人力资源交流

中澳两国可以加强智力和人力资源的交流与合作，通过互派研究人员、学者和专家，分享专业知识和经验，推动可持续发展相关领域的合作与发展。

5. 加强政策合作和对话

中澳两国可以加强政策合作和对话，共同制定和推动可持续发展的政策和计划。通过定期举行高层会议、研讨会和政策对话，促进双方在可持续发展领域的合作和交流，并共同应对全球可持续发展挑战。

12.3.2 可持续型工业

2013 年，联合国工业发展组织大会发表了《利马声明》纲领性文件，声明中表示将发展具有包容性的可持续性工业化作为优先发展目标。2015 年联合国正式通过《2030 议程》并将可持续性工业化确定为 17 项可持续性发展目标之一（SDG9）。联合国发布的《2023 年可持续发展筹资报告：为可持续转型筹资》

指出，需要进行可持续的工业转型，缩小各国之间不断扩大的发展差距，实现气候目标和可持续发展目标。

经济增长、社会发展和气候行动在很大程度上取决于对基础设施、可持续工业发展和技术进步的投资①。可持续型工业包含经济和环境两个维度。

第一，经济持续增长必须包括工业化，工业化是有效减少贫穷的战略之一②。具体来讲，工业制造业及其相关服务业能够创造大量工作机会（SDG8），为员工提供稳定的就业和优厚的福利待遇（SDG3），同时促进员工家庭和社会的繁荣（SDG1）；有效整合农业与工业，增加对农业的投资，将增强农村家庭的经济稳定性，提高食品安全水平（SDG2），并在整个产业价值链中促进创新。

第二，工业转型的实现需要改变工业活动中能源使用、生产方式和消费模式③。首先，维持经济增长并使经济与环境恶化脱钩的关键，是推行更清洁且更具有资源效率的生产方法（SDG7）。SDG7可持续发展目标是确保获得清洁且可负担的能源，这是农业、商业、通信、教育、医疗保健和交通发展的关键。几十年来，煤、石油或天然气等化石燃料一直是电力生产的主要来源。但燃烧碳燃料会产生大量温室气体，导致气候变化，对人类福祉和环境造成有害影响。此外，实现负责任消费和生产（SDG12）也至关重要。只有通过采取可持续的消费和生产方式，才能实现经济的可持续发展，同时减少资源的浪费和环境的破坏。通过促进循环经济和绿色发展，可以最大程度地减少对环境的负面影响，实现经济、社会和环境的协调发展。

根据第11章分析结果，中国的工业可持续发展达成度高于澳大利亚，并且中国在研发投入及环境污染方面的支持力度高于澳大利亚，但是澳大利亚的空气质量提升工作更为有效。首先，与可持续工业化直接相关的目标是SDG9（产业、创新和基础设施），中国SDG9的综合可持续发展目标达成度要高于澳大利亚（0.56>0.49）。其中，在制造业总营收额方面，中澳两国的达成度分别为0.52和0.47，可见中国在制造业发展上具有比较优势，同时，在R&D经费投入占

---

① United Nations.17 Goals to Transform Our World[EB/OL].(2023-04-19)[2024-02-16].https://www.un.org/sustainabledevelopment/.
② 联合国工业发展组织.包容与可持续工业发展[EB/OL].(2014-04-11)[2024-02-16].https://www.unido.org/sites/default/files/2014-05/3641_0114-ISID-Brochure_ZH-web_0.pdf.
③ 麦肯锡.寻求净零公式的最优解：应对转型冲击，降低转型成本｜第二篇：行业视角[EB/OL].(2021-11-24)[2024-02-16].http://mtw.so/6wAuKq.

GDP 比重方面，中澳两国的达成度分别为 0.62 和 0.52，说明中国更加擅长挖掘研究活动的经济效益。再者，与环境保护相关的目标有 SDG7（经济适用的清洁能源）和 SDG13（气候行动），中国关于 SDG7 和 SDG13 的可持续发展表现优于澳大利亚，尤其是 SDG7 方面，中国的人均可获得电量达成度大于半程、而澳大利亚的人均可获得电量达成度不及 50%，表示中国在制造业发展过程中能够兼顾经济效益和环境效益。另一方面，澳大利亚有效控制住 PM2.5 浓度的恶化，澳大利亚关于 PM2.5 浓度（SDG13）的达成度高于中国，其中澳大利亚西部地区的贡献功不可没。

1. 可持续制造与跨域技术

可持续制造是指在不损害当前和未来社会、经济和环境需求的情况下，采用资源高效利用、能源节约、环境友好和社会责任的方式进行生产活动的理念和实践[①]。工业快速发展所带来的一个不可忽视的问题是对环境造成的巨大破坏。到目前为止，还没有一个国家能够完全解决废物管理、水质净化和污染等问题。然而，相关经验表明，在工业制造生产中引入环保措施可以显著减少环境破坏。在这种背景下，推动创新和工艺优化，进行产业升级工作成为解决方案的关键途径。通过这些举措，可以实现更清洁的生产、有效的资源管理，减少废物和污染。此外，致力于可持续生产模式不仅具有经济效益，还将减少昂贵资源的浪费，以更高的生态效益提升竞争力。同时，提高工业生产的能源效率至关重要，因为能源成本占据主要开支。因此，在一定程度上清洁能源与能源效率已成为经济竞争力和可持续发展的核心要素。

可持续制造可助力大幅完善整个制造价值链的主要影响领域。例如，在工程方面，在产品设计过程中小的修改和大规模改造都能降低成本并减少浪费；在采购环节，可持续性和/或替代性材料的道德选择和采购变得越发重要；在生产环节，通过提高运营效率、利用智能技术、使用绿色能源来打造未来工厂；在运输环节，运输和交付过程中供应链重构和去碳化工作正在使贸易路线合理化并有助于减少碳排放；在后市场端，向循环经济模式的转型有望改变产品的设计、生产、销售、使用和处置方式[②]。

---

① Titiloye, James, et al. Sustainable manufacturing in industry 4.0 – an empirical investigation on the role of big data analytics. Procedia CIRP 72 (2018): 622–627.
② 德勤中国. 可持续制造从愿景到行动 [EB/OL].(2021-10-27)[2024-02-16].https://www2.deloitte.com/cn/zh/pages/energy-and-resources/articles/sustainability-in-the-manufacturing-sector.html.

在当今全球化和技术发展迅速的背景下，跨域技术的应用已经成为推动可持续制造发展的关键因素。例如，生物技术、信息技术、材料科学和工程技术等领域的跨界整合，可以为制造业带来创新的解决方案，提高资源利用效率，降低能源消耗，减少废物和排放，并在生产过程中考虑社会和环境因素。通过引入跨域技术，制造业可以实现产品生命周期全方位的可持续管理。从设计阶段开始，利用信息技术实现产品的智能化设计和模拟，优化产品结构以减少资源消耗。在生产过程中，采用材料科学和工程技术的创新，实现循环经济和闭环生产，最大限度地减少废弃物和能源浪费。此外，整合生物技术和工程学，探索可再生能源和生物基材料的应用，为生产活动注入更多环保元素。

综上所述，可持续制造与跨域技术的结合为实现未来工业发展指明了方向。通过不断整合和创新跨域技术，制造业可以实现可持续发展的目标，实现经济、社会和环境的和谐统一。因此，制造企业应积极倡导跨域合作，推动技术创新，共同迈向可持续制造的未来。

2. 能源合作与清洁技术创新

能源合作是推动清洁技术创新和可持续能源发展的关键一环。通过跨行业、跨国界的合作，能源企业、技术提供商和政府部门可以共同探索新型清洁技术，共享最佳实践并加速其商业化和推广。同时，合作也有助于整合各方资源，共同应对能源挑战，推动能源系统的转型和升级。

中澳两国能源合作的重点在煤炭、天然气、铀矿和能源技术。澳大利亚是世界上最大的矿产资源国之一，人均资源量大，铁、铝、镍、铀等储量居世界前列。面对能源转型的机遇，澳大利亚的转型挑战之一是如何处理现有储量丰富的化石能源。尽管澳大利亚的煤炭储量处于中等位置，但由于人口较少、需求有限，澳大利亚的煤炭大多用于出口，其煤炭出口量在全球名列前茅。并且，据《中国电力报》报道，澳大利亚煤电占全部发电量的 50% 以上，在整个 OECD（经济合作与发展组织）国家中煤电比例仅次于波兰[①]。因此，煤炭出口对澳大利亚全国经济的贡献不容置喙，煤炭企业对经济的掌控力也具有举足轻重的地位。

中澳两国在铀矿产业链上已经建立了良好的合作关系。例如，西澳大利亚州和中国在锂产业中共同扮演着重要的角色，形成了上游和下游的明显分工。澳大利亚

---

① 《中国电力报》，2022 年数据．

的铀矿储量居世界第一位，但澳大利亚实行无核化政策使得其铀矿产出全部用于出口。因此，西澳大利亚州主导着全球锂资源的开采，而中国则在锂盐、电池材料以及电池供应链的生产环节处于主导地位。这种分工合作关系有助于实现整个锂产业链的协同发展。具体来说，西澳大利亚州富含锂资源，是全球上游锂资源的主要供应地之一，约占全球 50% 的锂产量。在下游产业链的一侧，中国约拥有全球 60% 的锂盐产能、65% 的锂电材料生产能力和 77% 的电池制造能力。中澳两国在锂产业中有着紧密的合作关系，互相依存，共同推动了全球新能源领域的发展。通过积极的合作和资源整合，西澳大利亚州和中国为全球锂产业链的可持续发展做出了重要贡献，也为未来可再生能源的发展奠定了坚实的基础。

与此同时，清洁技术创新是实现能源合作和可持续能源目标的驱动力。考虑清洁能源的技术应用情况，澳大利亚自身具备着一定优势——澳大利亚是全球光伏发展最发达的地区之一。可再生能源协会清洁能源委员会（CEC）在其《2022 年澳大利亚清洁能源报告》中透露，2021 年澳大利亚增加了 1 209 MW 的规模超逾 5MW 太阳能项目，使这一年成为行业排名第二好的年份。然而，澳大利亚自身在光伏制造和市场上缺少优势。澳大利亚的先进技术和中国的制造、研发相结合，将是一个前景广阔的合作点。中国的资金和技术可以帮助澳大利亚快速发展清洁能源，考虑到可持续理念的深入，未来在清洁能源方面会有更多需求，这对中澳两国能源企业来说都是机遇。根据中国商务部资料，近年来，一些拥有先进技术与雄厚资本的中资企业投资建设澳大利亚新能源发电项目，项目进展相对顺利，有的已经取得良好的经济效益和社会效益。具体案例如：金风科技收购 Stockyard Hill；国家电力投资集团开发霍顿一期 100 兆瓦光伏电站；中国电建和金风科技共同开发 Cattle Hill 风电场；东方日升和澳 Green Gold Energy 联合开发太阳能电站。

2023 年 6 月，澳大利亚政府发布《2023-2030 年关键矿产战略》。这项战略为发展澳大利亚的关键矿产行业和实现政府愿景提供了国家框架，确定了发展关键矿产行业的优先事项，并阐明澳大利亚政府将如何与社区、行业、投资者、研究和创新部门、国内各地方以及国际伙伴合作。澳大利亚政府的目标是通过安全的国际伙伴关系，创建多样化、有韧性和可持续的供应链；建设关键矿产加工领域的全球主导力；利用自身的关键矿产资源使澳大利亚成为可再生能源领域的超级强国；以及将关键矿产资源产业链更多地留在澳大利亚境内，以创造更多就业岗位和经济机会。但需要注意的是，能源与电力行业属于澳大利亚关键基础设施与敏感行业，自2021年1月1日起，澳大利亚开始实施新修订的《外国投资法》，设立了国家安全审查制度，对涉及国家安全用地或国家安全相关业务的投资项目实施严格审查。

综上所述，基于澳大利亚的转型需求和利益矛盾，中国的角色则是努力促成与澳大利亚开展关于煤炭清洁高效利用、去产能等方面的技术交流合作，深化能源矿产供应链合作以及提高中澳两国供应链安全性。

3. 可持续农业与食品安全

中澳两国农业都在全球占有举足轻重的地位，中国侧重生产和消费、澳大利亚侧重国际贸易。中国是农业生产大国，2021年全国农业及相关产业增加值为184 419亿元，2022年全国农产品进出口总额3 343.2亿美元，主要的农产品出口市场为日本、欧盟、韩国、美国、东盟国家以及中国香港地区[1]。澳大利亚是全球重要的农产品生产和贸易大国，农牧业、采矿业和制造业共同组成澳大利亚的三大经济支柱，2021-2022财年澳大利亚农业总产值为637亿美元，占GDP总量的2.4%，但澳大利亚国内市场狭小，最大的农产品出口市场为日本、美国、中国、东盟国家、欧盟、韩国和中国香港地区[2]。

水土资源是农业生产发展不可或缺的重要资源。中澳两国的水土资源都具有明显的空间分布差异。中国东北地区人少地多，适合发展大规模粮食生产；中国西北地区水资源相对缺乏，适合发展旱作农业生产；中国东部、中部地区农业资源多样，劳动力、技术资源具有优势，适合发展多样化农业和都市农业；中国西南地区地少水丰，丘陵、山区并存，适合发展特色农业。而对澳大利亚农业来说（如图12-14所示），水是尤为重要的因素，澳大利亚森林和海洋资源丰富，但地表淡水总量相对较少；澳大利亚降水在地区间分布不均，降水和地表水资源总量少；水利设施不足，降水的区域、季节调剂能力比较欠缺。此外，随着城市化进程，农业从业人口逐年渐少，在评估结果中发现中澳两国的农林渔业就业人口在不断下降，农业人员就业积极性降低倒逼国家加快现代化农业进程，尤其是中国中部地区，因此中澳两国都承担着提高农业机械化和集约化的发展压力。

---

[1] 数据来源：中国统计局.
[2] 数据来源：澳大利亚统计局.

农业生产 农业经济 农业资源

规模化，以家庭农场为主专业化，建立和发展了各种类型的专业化服务机构、公司、组织

区域化分工，集约农业带以种植业和奶牛业为主，农牧混合带以小麦生产、养羊和肉牛业为主，牧业带以养羊、养牛业为主

机械化，草场翻耕、牧草播种、施肥撒药、收割打捆、挤奶剪毛等各个环节全程实现了机械化

出口导向型农业

依赖于国际市场，主要根据国际市场农产品需要和价格变化确定生产品种和规模

完全以市场需求为导向，以商品化生产为目的，属于典型的外向型农业

农业活动受限于水资源分布，半干旱/干旱地区面积大

农业用地面积可观，约占国土面积的63%，以发展畜牧业为主，畜牧业在农业中占明显优势

地多人少，农业劳动力逐年减少

图 12-14　澳大利亚农业概况

全球农产品供应链稳定性降低，由于关税保护、贸易冲突等国际因素，农产品市场具有不确定性。2005年5月，澳大利亚与中国就自由贸易协定展开谈判，该协定涵盖货物贸易、服务贸易和投资在内的所有产业和部门。2015年6月，中国与澳大利亚正式签署《中华人民共和国政府和澳大利亚政府自由贸易协定》，在内容上涵盖货物、服务、投资等十几个领域，实现了"全面、高质量和利益平衡"的目标。据澳大利亚贸易投资委员会所说，"作为理想的农业经济长期合作伙伴，澳大利亚有能力为提高改善中国的食物供给质量、效率、安全和可持续发展做出显著贡献"。

一方面，澳大利亚在发展现代农业的过程中形成了自己鲜明的特色，其有益做法和经验对中国推进现代农业发展具有重要借鉴意义，澳大利亚提供的农产品、服务、技术和专业知识可帮助中国解决目前在食品质量、生产、生产率和环境影响方面所面临的重大挑战。例如，澳大利亚是中国优质大宗农产品可靠的来源，澳大利亚在农业科技方面的投入可以帮助其实现对环境污染的有效控制，并且，澳大利亚有着与北半球相反的季节，同时临近亚洲市场及时区；另一方面，近年来中国积极探索可持续农业领域的发展方案，2015年发表的《全国农业可持续发展规划（2015—2030年）》是今后一个时期指导农业可持续发展的纲领性文件，该文件综合考虑中国各地农业资源承载力、环境容量、生态类型和发展基础等因素，将全国划分为优化发展区、适度发展区和保护发展区等三大区域，因地制宜、梯次推进、分类施策。2016年，中国广东检验检疫发布全球质量溯源体系2.0版本之时，澳

大利亚全国农民协会第十二任主席布伦特·芬利表示，要"向澳大利亚农民推荐使用 CIQ 系统"，原因是中国检验检疫总局的 e-CIQ 系统可以将各个国家产品的来源、质量信息接入到统一的平台，使得消费者扫码便能获知产品信息。2020 年，澳大利亚全国农民联合会第一位女性主席菲奥娜·西姆森公开表示，"也许正是中国帮助了我们，因为其他买家对产品的技术层面感兴趣，而中国顾客更注重（产品）质量"，彼时中澳两国正处在由于关税、新冠疫情而产生的农业合作危机之中，但正如菲奥娜·西姆森所说，"澳大利亚农民与中国客户的关系很好"，中澳两国政府应当更多听取国家主人公的声音。

随着居民消费模式的转型，可持续农业与食品安全越来越受到重视，但可持续农业建设面临着许多机遇和挑战。例如，目前全球对环保和有机食品的需求不断增加，可以采取有机认证的种植方式，为市场提供高品质的食品。此外，随着城市化的不断发展，人们对农产品的品质和安全的要求也越来越高，可以通过提高农产品的生产标准和质量管理来提高竞争力。例如，可以采用智能化种植技术，根据气候变化和土地状况，自动进行精准种植和施肥，从而加速农业生产，提高经济效益。同时，也可以加强对农产品冷链运输和储藏保鲜技术的研发，保证农产品的贮藏时间和质量，开辟更大的市场空间。

基于以上数据事实，可以提出以下途径和建议，以促进中澳两国在农业和食品安全领域的可持续发展合作。

（1）农业科技和创新分享

考虑到澳大利亚具有较高的农业就业人口和发达的农业科技，中澳两国可以加强在农业科技和创新方面的合作。双方可以分享种植技术、养殖管理经验、农产品加工等方面的最佳实践，推动农业生产效率和质量的提升。

（2）可持续农业实践

中澳两国可以共同开展可持续农业实践，旨在实现农业的环境友好和可持续发展。双方可以共同研究和应用节水灌溉技术、有机农业方法、农药和化肥的合理使用等，以减少对自然资源的依赖和环境的负面影响。未来供水随着全球趋势的发展，替代水源在澳大利亚将会越来越普遍，海水淡化和再生水等处理应用越来越受欢迎，同时也在寻求综合雨水管理解决方案，以保护宝贵的饮用水。

（3）可持续食品供应链探索

中澳两国可以合作探索可持续食品供应链，从生产到消费环节均注重环境友好和食品安全。通过建立和加强食品质量和安全标准，确保食品的可追溯性和安全性。同时，通过优化农产品的储存、运输和销售方式，减少食品损耗和浪费。

（4）农村发展与可持续农业结合

中澳两国可以将农村发展与可持续农业结合起来，注重农村地区的经济发展、社会福祉和环境保护。通过投资农村基础设施、发展农村产业和提供农村教育、医疗等公共服务，提高农村居民的生活质量和幸福感。

（5）农产品贸易合作促进

考虑到澳大利亚的高人均进出口额，中澳两国可以加强农产品贸易合作，通过拓宽贸易渠道和减少贸易壁垒，提高农产品的国际市场竞争力，并实现农产品可持续贸易。

总的来说，中澳两国可以在农业和食品安全领域共享农业科技与创新成果，开展可持续农业实践，探索可持续食品供应链，结合农村发展和可持续农业，促进农产品贸易合作等途径，实现农业和食品安全的可持续发展。这将有助于提高农业生产效率、保护环境、改善农民生活，并满足消费者对无污染、安全和可持续食品的需求。

12.3.3　可持续型社区

社区是指人与人之间具有文化维系力和空间归属感的城市单元，可持续型社区（sustainable communities）倡导人与自然和谐共生的理念，强调人与社会、经济和环境协调发展。可持续型社区遵循 health（健康）、safety（安全）、environment（环境）标准建设，旨在创建美好家园和温馨港湾的标准，创新高品质生活和高质量生命价值的标准[1]。

在中国传统的"衣食住行"文化中，以"安居乐业"为目标的"住"文化占据着重要地位，成为一代又一代中国人奋斗的目标。在可持续发展目标驱动下，中澳两国应注重"安居乐业"的可持续型城市建设，以完善的城市公共基础设施和服务体系，充分展现蓝天白云、绿水青山、健康宜居的可持续型城市目标场景，可持续型社区就是城市风景中的一帧画面。

---

① 林度空间. 可持续型社区的场景创新 [EB/OL]. (2022-11-01)[2024-02-15]. https://mp.weixin.qq.com/s/6Od2WGumtzcbAuus84pjgQ.

可持续型社区是一种高科技赋能的环保社区，可以更加科学合理地利用水、电、气等资源，为社区居民提供宜居的生态环境。在可持续型城市公共基础设施和服务体系支持下，以一个或者多个社区为单位设计微循环智能电网、微循环康养体系、微循环应急保障体系、微循环生态系统和微循环垃圾回收系统，以有效的微循环降低社区能耗、损耗和污染，实现零碳排放、零垃圾、零危害的可持续型社区目标（如图 12-15 所示）。

图 12-15　可持续型社区的目标场景

微循环智能电网能够融入社区太阳能、地热能等微型能源系统，微循环康养体系能够依托城市或社区的医疗服务资源满足社区居民自我健康管理、居家养老等需求，微循环应急保障体系能够将城市抵御灾害能力延伸到社区、家庭、个人，微循环生态系统能够以健康、舒适为目标增强社区生态自补给、自修复功能，微循环垃圾回收系统以社区为单元智能分类收集厨余垃圾、有害垃圾等。

一个包容、安全、有抵御灾害能力的可持续型社区，应该成为智慧城市、生态城市、低碳城市的缩影，应该成为居民以强烈的归属感、鲜明的文化符号、和谐的生态文明共同创建的"资源节约型，环境友好型"美好家园。可持续型社区生态场景（如图 12-16 所示），融入微循环生态系统和微循环垃圾回收系统，有助于实现人与自然和谐共生的理念。

图 12-16 可持续型社区的生态场景

微循环生态系统能够解决雨污分流问题，以清洁的水系滋养草木生态，营造饱含高浓度负氧离子的生态环境，为社区居民创造更多富氧健康空间。微循环垃圾回收系统将融入绿色建筑体系之中，以智能分类将垃圾输送到相应的管道，例如厨余垃圾按照残余价值分别进入饲料生产和肥料生产管道，最终转化为饲料和肥料。

12.3.4　可持续技术

技术在可持续发展转型中发挥着关键作用，从提高全球供应链的透明度和可追溯性，到评估和减少碳排放，技术是关键且基本的赋能要素。利用数字技术推动可持续发展已成为重点议题。

数字技术能够提高生产力、降低生产成本、减少排放、拓宽获取渠道、使生产非物质化、改善市场匹配，利用大数据和非常规数据，使公共服务更易获得。另外，它们还能提高资源利用效率、支持循环经济、实现零碳能源系统、协助监测和保护生态系统，并在达成可持续发展目标方面发挥关键作用。《2023 年可持续发展筹资报告：为可持续转型筹资》报告显示，"近几年快速的技术应用表明，向可持续工业化和可持续增长快速转型是完全有可能的"。随着科技的不断进步和创新，许多行业都在寻求更环保、更高效的解决方案，以实现可持续发展。例如，清洁能源技术的发展可以减少对传统能源的依赖，降低碳排放，从而推动工业化向更可持续的方向发展。在考虑高效、经济和可靠的新型清洁能源和储存技术的提升，面对日益增长的能源需求市场，数字化需求响应技术是实现可持续能源的必要路径。在当前的环境下，能源消耗弹性和分布式发电技术的快速兴起为平衡间歇性可再生能源输出提供了新的机会。利用需求响应技术，能源企业可以更好地管理能源供应与需求之间的平衡，为消费者提供更加灵活和智能的能源服务，并促进可再生能源的大规模应用。同时，智能制造（intelligent manufacturing）、人工智能（artificial intelligence）、云计算（cloud computing）、物联网（internet of things）和大数据分析（big data analytics）以及生物技术与生物工程（biotechnology and bioengineering）等技术的应用也可以帮助企业实现资源更有效利用、生产更精细化，进而提高生产效率和降低成本。

广泛的数字化接入和服务以及人工智能和其他数字技术的普及正在颠覆几乎所有经济领域。从农业（精准农业）、采矿（自动驾驶汽车）到制造业（机器人）、零售（电子商务）、金融（电子支付、交易策略）、媒体（社交网络）、健康（诊断、远程医疗）、教育（在线学习）、公共行政（电子治理、电子投票），再到最新的文书工作、起草文件、科研和创造性工作（生成式人工智能），以及其他科学技术领域，数字技术的影响无处不在。但需要注意的是，埃森哲《技术推动可持续：双擎驱动，融合发展》报告指出，随着上网人数和技术使用的增加，IT 行业的碳排放量不断上升。据估计，信息和通信技术（information and communications technology）行业在全球碳足迹中所占份额已从 2007 年的 1.5% 扩大到目前的 4%，并将于 2040 年达到 14%。"仅训练一款深度学习人工智能模型就会产生超过 313 吨的二氧化碳，相当于在纽约和旧金山之间往返飞行 315 次"。

新技术的颠覆性要求我们与各利益相关方进行审慎的对话和协商，认真评估分配的影响和权衡。不同国家由于数字基础设施和技术成熟度不同，面临着各自的挑战。2023 年澳大利亚互联网普及率高达 96.2%[①]，截至 2023 年 6 月，中国网民规模达 10.79 亿人，互联网普及率达 76.4%[②]。根据思科（CISCO）集团 2020 年编制的数字化成熟指数，澳大利亚在亚太区中小企业数字化成熟度排名第四，而中国在亚太区中小企业数字化成熟度排名第五（不含港澳台）。同时，围绕隐私、

---

① 数据来源：国际电信联盟．
② 数据来源：第 52 次《中国互联网络发展状况统计报告》，数据统计时间：2023 年 6 月．

网络安全、电子政务、数字包容性和数字监管框架的问题涉及到所有国家。《世界银行数字化促进发展政策框架（2022年）》奠定了"数字化转型6记分卡"的基础。该框架旨在衡量强化数字基础设施、数据安全、政府平台和服务的努力，促进数字素养、隐私和包容性等关键推动因素，同时也纳入了社会和性别视角，以实现数字和技术领域的平衡发展。

据澳大利亚工业、科学、能源与资源部网站介绍，数字技术已渗透到澳大利亚各行业之中，并大大提升行业技术水平。澳大利亚在数字医疗、金融创新等领域，具领先优势。在国际经贸领域，数字贸易正为澳大利亚境内企业和消费者带来更多机会。从中国与澳大利亚开展数字经济投资合作情况上看，据澳方统计，近年入驻中国电商平台的澳品牌超1 400个。澳大利亚食品、饮料、保健品等，在中国受部分消费者青睐。澳大利亚商界认为，随着中国中产阶层人口日益增加和中国数字基础设施日益发达，中国中高端消费市场将给澳大利亚消费品厂商带来巨大机遇。从政府协议上看，2017年9月15日，中国商务部前部长钟山与澳大利亚贸易、旅游与投资部长乔博在北京共同签署《关于电子商务合作的谅解备忘录》。根据该备忘录，中澳双方将在政策沟通、公私对话、行业互动等方面加强交流；将在相关国际组织中，就电子商务议题开展合作；通过电子商务合作，进一步推动双边经贸关系持续稳定发展。从双边关系大背景看，当前中澳外交关系进入低谷。澳大利亚政府已将通信设施、个人数据等列为关键基础设施，对中国企业在澳大利亚数字领域投资经营的监管和防范将趋向加强，可预见未来两国开展数字经济领域投资合作会面临若干障碍。

第13章　中澳可持续发展未来方向

正如 *Sustainable Development Report 2023: Implementing the SDG Stimulus* 结语所说，"没有神奇的数字，而是一套合适的工具"。本研究希望从数据中挖掘科学事实，从实践中汲取发展经验。然而，数字是客观的，如何解读数据、发挥数据价值，不仅依赖于数据方法，更依靠广泛的社会智慧。因此，本研究旨在抛砖引玉，为更深层次的研究提供基础支撑，并响应联合国的号召，将科学工具相结合，助力政府提升实现可持续发展目标及投资目标的能力。

中澳可持续发展研究的首要原则是全面监测和综合评估联合国 17 个可持续发展目标。为了能够与现有研究保持方向一致、便于跟踪性的深入研究，拓宽研究报告的影响范围和提高实际意义，立足"全面性"这一首要目标，选取了经典的 UNCSD 指标体系，以经济、社会、环境为三个一级指标，联合国 17 个可持续发展目标作为二级指标。在兼顾数据集可用性与代表指标有用性的基础上，首先研究了联合国发布的《2030 议程》各项可持续发展目标和具体目标全球指标框架，并根据澳大利亚 2018 年发表的《国家自愿审查报告》，选取了符合中澳两国实际国情与满足本研究可行性的共同指标。研究认为，中澳两国均需要在统计能力和数据素养方面加大投资力度，以支持关键的可持续发展目标转型的长期途径。在 2030 年的中期，仍有大量工作要做，以改进可持续发展评价指标框架的数据和方法。

在考虑可比较性、可推广复制性和数据可得性的基础上，贯彻经济、社会和环境三者共生共容、协调统一的发展理念，从区域维度构建了中澳两国可持续发展评价指标体系。在第 11 章，首先，聚焦达成度，评估中澳两国区域可持续发展目标完成情况，评估数据为可持续发展目标达成度。再者，聚焦目标趋势，基于历史数据评估区域过去的 SDG 增长率，着眼于未来，判断能否在 2030 年达到目标值。评估中澳两国的可持续发展表现及趋势，是为了更好地监测国家区域在具体目标上的可持续发展能力，找出两国差异性、识别重点领域，更加平衡地推进 2030 议程可持续发展目标的全面实施。基于评估结果，识别出中澳两国应当重点关注的可持续发展目标和亟需推进的可持续发展工作，主要结论如下：

第一，在政府政策和法律体系方面，中国在实现可持续发展方面更加注重政府主导，通过政府规划和引导推动环境保护和资源利用的改善，澳大利亚则更倾向于市场机制和激励政策，鼓励企业和个人自愿进行环保行动和可持续发展实践。

第二，中澳两国拥有不同的经济发展模式，中国注重工业化和城市化发展，而澳大利亚则以自然资源开发为主导，但同时也注重农业、渔业和服务业等多元化发展。中国在基础设施建设、装备制造等广泛领域有较强实力，澳大利亚在农业、矿业、高技术、金融服务业等领域优势突出，中澳两国经济互补性强，有条件在"一带一路"建设中放大"中澳自贸协定"效应和红利。

第三，中国和澳大利亚都面临资源利用和环境保护的挑战，中国的高能耗、高污染型产业给资源环境带来压力，而澳大利亚则需要平衡自然资源开发和环境保护之间的关系。

第四，中国人口多、城市化速度快，在可持续发展过程中需要解决大量人口就业、教育、医疗等社会问题，澳大利亚人口相对较少，资源相对丰富，但也需要平衡自然资源开发对当地社区和就业的影响，确保经济增长与社会公平相结合。